T0019549

EL ARTE DE VIVIR

Thich Nhat Hanh

EL ARTE
DE VIVIR

Elige la paz y la libertad.

Aquí y ahora

Traducción de Begoña Laka Mugarza

books4pocket

Argentina – Chile – Colombia – España
Estados Unidos – México – Perú – Uruguay

Título original: *The Art of Living: Peace and Freedom in the Here and Now*
Editor original: HarperOne – An Imprint of HarperCollins*Publishers*, New York
Traducción: Begoña Laka Mugarza

1.ª edición en **books4pocket** enero 2023

Copyright © 2017 by Unified Buddhist Church, Inc.
Published by arrangement with HarperOne – An Imprint of HarperCollinsPublishers
All Rights Reserved
© 2018 de la traducción *by* Begoña Laka Mugarza
© 2023 *by* Ediciones Urano, S.A.U.
Plaza de los Reyes Magos, 8, piso 1.º C y D – 28007 Madrid
www.edicionesurano.com
www.books4pocket.com

ISBN: 978-84-16622-99-3
E-ISBN: 978-84-17180-35-5
Depósito legal: B-20.494-2022

Fotocomposición: Ediciones Urano, S.A.U.

Impreso por Novoprint, S.A. – Energía 53 – Sant Andreu de la Barca (Barcelona)

Impreso en España – *Printed in Spain*

Índice

Prólogo

Asistí a una enseñanza de Thich Nhat Hanh por primera vez en 1959, en el templo Xa Loi de Saigón. Yo era una estudiante universitaria llena de interrogantes acerca de la vida y el budismo. Él, un joven monje, era ya un conocido poeta y un consumado erudito. Aquella primera conferencia me conmovió hondamente, nunca había escuchado a nadie hablar con tanta belleza y profundidad. Sus conocimientos, su sabiduría y su visión de un budismo totalmente práctico, con hondas raíces en las enseñanzas tradicionales y, sin embargo, adecuado a las necesidades de nuestro tiempo, me impresionaron profundamente. Para entonces, yo ya estaba implicada en desarrollar una labor social en los barrios más pobres, y soñaba con aliviar la pobreza y fomentar un cambio social. No todo el mundo me apoyaba en ese sueño. Pero *Thay*, el apelativo cariñoso con el que nos gusta llamar a Thich Nhat Hanh y que significa «maestro» en vietnamita, me dio muchos ánimos. Me dijo que estaba convencido de que cualquiera podría llegar al despertar si trabajaba en lo que realmente quería. Lo más importante, dijo, es ser uno mismo y vivir la vida propia de la forma más profunda y consciente posible. Supe que había encontrado al maestro que siempre busqué.

Durante los últimos cincuenta años, he tenido el privilegio de estudiar y trabajar con Thich Nhat Hanh organizando programas de trabajo social en Vietnam, liderando labores por la paz en París, rescatando en alta mar a los refugiados que huían en barcos de Vietnam y ayudándolo a fundar centros de práctica de plena conciencia en Europa, Estados Unidos y Asia. He sido testigo de la evolución y la profundización de las enseñanzas de Thay, de la forma en que las ha adaptado a las cambiantes necesidades y retos de nuestro tiempo. Thay siempre ha mostrado entusiasmo por dialogar con líderes de los ámbitos de la ciencia, la salud, la política, la educación, el mundo empresarial y la tecnología a fin de ahondar en su comprensión del estado actual del mundo y desarrollar prácticas de plena conciencia que sean adecuadas y efectivas. Hasta los ochenta y ocho años, hasta el mismo momento en que sufrió el ictus en noviembre de 2014, Thay siguió aportando nuevas y profundas visiones sobre las enseñanzas budistas fundamentales. A veces, al regresar de una meditación caminando, tomaba con gran placer el pincel y capturaba esas visiones en breves frases que caligrafiaba. En estas páginas se recogen muchas de esas frases.

Este extraordinario libro, editado por sus discípulos monásticos, captura la esencia de las charlas sobre el arte de vivir despiertos que dio durante los dos últimos años. En concreto, presenta las innovadoras enseñanzas que, bajo el título «¿Qué ocurre cuando morimos? ¿Qué ocurre cuando vivimos?» impartió en el retiro de veintiún días en junio de 2014 en el Centro Plum Village de Práctica de Plena Conciencia situado en Francia.

La manera en la que el propio Thay encarna verdaderamente sus enseñanzas aún me conmueve en lo más hondo. Es un maestro en el arte de vivir. Thay ama la vida y, a pesar de las muy adversas circunstancias a las que se ha enfrentado a lo largo de los años —la guerra, el exilio, la traición y una salud precaria—, nunca se ha rendido. Ha tomado refugio en su respiración y en las maravillas del momento presente. Thay es un superviviente. Ha sobrevivido gracias al amor de sus estudiantes y de su comunidad, y gracias al alimento que recibe de la meditación, de la respiración consciente y de los momentos de relax vividos caminando y descansando en la naturaleza. En tiempos de guerra y adversidades, así como en tiempos de paz y armonía, he sido testigo de la forma en que la sabiduría que encontrarás en estas páginas ha permitido a Thay abrazar las alegrías y las penas de la vida sin miedo, con compasión, fe y esperanza. Deseo a todos los lectores éxito en la aplicación en su vida diaria de las enseñanzas que aparecen en este libro, siguiendo las huellas de Thay, a fin de que puedan llevar sanación, amor y felicidad a sí mismos, a su propia familia y al mundo entero.

Hermana Chan Kong

Introducción

Estamos tan apegados a la Tierra que a veces olvidamos lo bella que es. Visto desde el espacio, nuestro planeta azul está extraordinariamente vivo: un paraíso viviente suspendido en un universo vasto y hostil. En el primer viaje a la Luna, los astronautas quedaron impresionados al contemplar la Tierra elevarse sobre el desolado horizonte lunar. Sabemos que en la Luna no hay ni árboles, ni ríos, ni pájaros. Aún no se ha descubierto un planeta que albergue vida tal como la conocemos. Se ha escrito que los astronautas que orbitan en las estaciones espaciales pasan la mayor parte de su tiempo libre contemplando la impresionante vista de la Tierra en la distancia. De lejos parece un gigantesco ser vivo, un organismo que respira. Contemplando el milagro de su belleza, los astronautas sienten un gran amor hacia la Tierra. Saben que miles de millones de personas desarrollan sus vidas en ese pequeño planeta, con todas sus alegrías, su felicidad y su sufrimiento. Ven la violencia, las guerras, las hambrunas y la destrucción del medio ambiente. Al mismo tiempo, ven claramente que este maravilloso pequeño planea azul, tan frágil y preciado, es irreemplazable. En palabras de un astronauta: «Fuimos a la Luna como especialistas técnicos; regresamos como personal humanitario».

La ciencia es la búsqueda de la comprensión; es lo que nos ayuda a comprender lejanas estrellas y galaxias, nuestro lugar en el cosmos, la estructura profunda de la materia, las células vivas y nuestro propio cuerpo. La ciencia, al igual que la filosofía, se encarga de entender la naturaleza de la existencia y el significado de la vida.

La espiritualidad es también un área de investigación y estudio. Queremos comprendernos a nosotros mismos, comprender el mundo que nos rodea y el sentido de vivir sobre este planeta. Queremos descubrir quiénes somos realmente y comprender nuestro sufrimiento. Comprender el sufrimiento genera aceptación y amor, y esto es lo que define la calidad de nuestra vida. Todos necesitamos ser comprendidos y amados, y todos queremos comprender y amar.

Espiritualidad no es sinónimo de religión. La espiritualidad es un camino para generar felicidad, comprensión y amor a fin de que podamos vivir profundamente cada instante de vida. Que nuestras vidas posean una dimensión espiritual no supone huir de la vida o habitar un lugar de dicha alejado del mundo, sino descubrir maneras de lidiar con las dificultades de la vida y generar paz, alegría y felicidad exactamente en el lugar en el que nos encontramos: sobre este hermoso planeta.

El espíritu de la práctica de la plena conciencia, la concentración y la visión profunda en el budismo está muy cerca del espíritu científico. No empleamos instrumental sofisticado, sino la claridad de nuestra mente y la calma con el objetivo de observar profundamente e investigar la realidad por nosotros mismos con apertura y sin discriminación. Queremos saber de dónde venimos y a dónde vamos. Y, por encima de todo, queremos ser felices. La humanidad ha dado numerosos artistas de talento, músicos y arquitectos, pero ¿cuántos han dominado el arte de crear un instante feliz para uno mismo y para los que nos rodean?

Al igual que todas las demás especies sobre la Tierra, buscamos incesantemente las condiciones ideales que nos permitan vivir al máximo de nuestras capacidades. Queremos hacer algo más que sobrevivir, queremos vivir. Pero ¿qué significa estar vivo? ¿Qué significa morir? ¿Qué ocurre cuando morimos? ¿Hay vida después de la muerte? ¿Existe la reencarnación? ¿Volveremos a ver a los seres amados? ¿Tenemos un alma que irá al paraíso, al nirvana, a Dios? Estas son preguntas que todo ser humano se plantea. A veces se expresan en palabras; otras veces no son pronunciadas nunca, pero siguen estando presentes y nos turban cada vez que nos ponemos a pensar sobre la vida, sobre las personas que amamos, sobre nuestros padres enfermos o envejecidos, sobre aquellos que ya murieron.

¿Cómo podemos empezar a dar una respuesta a estas preguntas sobre la vida y la muerte? Una buena respuesta, la respuesta correcta, debería basarse en evidencias. No es una cuestión de fe o creencias, sino de honda investigación. Meditar es observar profundamente y ver cosas que otros no pueden ver, incluso las nociones erróneas que subyacen en la base de nuestro sufrimiento. Cuando somos capaces de liberarnos de esas nociones erróneas, podemos dominar el arte de vivir felices en paz y libertad.

La primera noción errónea de la que debemos liberarnos es que seamos seres separados, sin conexión alguna con el resto del mundo. Tenemos tendencia a creer que poseemos un yo separado que nace en cierto instante y que debe morir en otro, y que es permanente durante toda la duración de nuestra existencia. Mientras alberguemos esta errónea noción, sufriremos, haremos sufrir a los que nos rodean y causaremos daño a otras especies y a nuestro hermoso planeta. La segunda noción errónea que muchos de nosotros defendemos es que seamos únicamente este cuerpo, y que al morir dejemos de existir. Esta errónea noción nos impide ver todas las formas por las que estamos conectados con el mundo que nos rodea, todas las formas en las que continuamos tras nuestra muerte. La tercera noción errónea que muchos sostenemos es la idea de que aquello que buscamos —la felicidad, el paraíso, el amor— solo puede ser hallado en el futuro distante y fuera de nosotros. Podemos pasarnos la vida persiguiendo y anhelando el objeto de nuestra búsqueda, sin darnos cuenta de que es posible encontrarlo en nuestro interior justo en el momento presente.

Existen tres prácticas fundamentales que nos ayudan a liberarnos de estas tres nociones erróneas: la concentración sobre el *vacío*, la concentración sobre la *ausencia de signo* y la concentración sobre la *ausencia de objetivo*. Se conocen como «las tres puertas de la liberación» y existen en todas las escuelas budistas. Estas tres concentraciones nos ofrecen una visión profunda sobre lo que significa estar vivo y lo que significa morir. Nos ayudan a transformar las sensaciones de pena, ansiedad, soledad y alienación. Tienen el poder de liberarnos de las nociones erróneas y, al hacerlo, nos permiten vivir plenamente, con hondura, y encarar la agonía y la muerte sin miedo, ira o desesperación.

También podemos explorar cuatro concentraciones adicionales sobre la *impermanencia*, la *no-ansia*, el *soltar* y el *nirvana*. Estas cuatro prácticas se encuentran en el *Sutra de la plena conciencia de la respiración*, un texto maravilloso del budismo temprano. La concentración sobre la *impermanencia* nos ayuda a liberarnos de la tendencia a vivir como si nosotros y los seres que amamos fuéramos a vivir por siempre. La concentración sobre la *no-ansia* es una oportunidad de tomarnos tiempo para sentarnos y descubrir en qué consiste la verdadera felicidad: descubrimos que ya disponemos de condiciones suficientes para ser felices aquí mismo, en el momento presente. Y la concentración sobre el *soltar* nos ayuda a liberarnos del sufrimiento, a transformar y dejar ir las sensaciones dolorosas. La contemplación profunda de todas estas concentraciones nos permite experimentar la paz y la libertad del *nirvana*.

Estas siete concentraciones son muy prácticas. Nos hacen despertar a la realidad. Nos ayudan a apreciar lo que ya tenemos para ser capaces de alcanzar una felicidad verdadera en el aquí y el ahora. Y nos ofrecen la visión profunda que necesitamos para valorar el tiempo del que disponemos, reconciliarnos con aquellos que amamos y transformar nuestro sufrimiento en amor y comprensión. Este es el arte de vivir.

Debemos emplear nuestra plena conciencia, concentración y visión profunda para comprender el significado de estar vivo y el de morir. Podemos denominar a los descubrimientos científicos y espirituales «visiones profundas», y a la práctica de nutrir y mantener esas visiones, «concentración».

En el siglo XXI, gracias a las visiones profundas de la ciencia y la espiritualidad, tenemos una oportunidad de vencer las causas primordiales del sufrimiento de los seres humanos. Si el siglo XX se caracterizó por el individualismo y el consumismo, el siglo XXI puede llegar a distinguirse por una profunda visión de la interconexión y por un empeño en explorar nuevas formas de solidaridad y fraternidad. Meditar sobre las siete concentraciones nos permite ver todo a la luz de la interdependencia, librándonos de las falsas nociones y rompiendo las barreras de una mente discriminatoria. La libertad que buscamos no es una libertad que pueda ser autodestructiva ni una libertad dañina para otras naciones o para el medio ambiente, sino una libertad que nos libera de la soledad, la ira, el odio, el miedo, el ansia y la desesperación.

La enseñanza de Buda es clara, eficaz y fácil de comprender. Nos abre una camino para vivir no solo en beneficio propio, sino en beneficio de todas las especies. El destino de este planeta está en nuestras manos. El budismo nos ofrece la expresión más clara de humanismo que hemos tenido jamás. Los que nos salvarán serán nuestra visión profunda y nuestros actos. Si despertamos a nuestra situación real, se dará un cambio colectivo de conciencia; entonces se hará posible la esperanza.

Vamos a investigar la forma en que estas siete concentraciones, profundas visiones sobre la realidad, pueden clarificar nuestra situación, nuestro sufrimiento. Si durante la lectura te sientes en un terreno desconocido, respira. Este libro es un viaje que emprendemos juntos, un paseo por el bosque disfrutando de las impresionantes maravillas de nuestro hermoso planeta. A veces vemos un árbol de bella corteza, una formación rocosa sorprendente o una capa de intenso musgo que se extiende más allá del sendero, y deseamos que nuestro compañero de caminata disfrute también de tanta belleza. En algún lugar del camino nos sentaremos y disfrutaremos juntos del almuerzo, y más adelante, en el viaje, beberemos de un claro manantial. A esto se parece este libro. A veces nos detendremos para descansar, para beber algo o tan solo para permanecer sentados, ambos ya en una calma absoluta.

Calma

En Plum Village (Francia), el centro de práctica de plena conciencia donde vivo, había una galería llamada Galería para Escuchar la Lluvia. La construimos expresamente para ese propósito, para poder sentarnos en ella y escuchar la lluvia sin tener que pensar en nada. Escuchar la lluvia puede ayudar a la mente a calmarse.

Es fácil hacer que la mente se calme. Solo necesitas centrar la atención en una única cosa. Mientras la mente esté escuchando la lluvia, no estará pensando en nada más. No necesitas intentar calmar la mente. Solo necesitas relajarte y seguir escuchando la lluvia. Cuanto más tiempo puedas hacerlo, más se calmará tu mente.

Sentarse así, en calma, nos permite ver las cosas tal como son en realidad. Cuando el cuerpo está relajado y la mente descansa, podemos ver con claridad. Nos volvemos tan tranquilos y claros como el agua en un lago de montaña, cuya superficie inmóvil refleja el cielo en lo alto, las nubes y los picos circundantes tal como son.

Mientras estemos inquietos y la mente se agite, no seremos capaces de ver la realidad con claridad. Seremos como el lago en un día de viento. Su superficie estará turbulenta, reflejando una imagen distorsionada del cielo. Pero en cuanto recuperemos la calma podremos contemplar profundamente y empezar a ver la verdad.

Práctica: el arte de respirar

La respiración consciente es una forma maravillosa de calmar el cuerpo y las sensaciones, de recuperar la calma y la paz. No es difícil respirar conscientemente. Cualquiera puede hacerlo, incluso los niños.

Cuando respiras conscientemente, armonizas completamente el cuerpo y la mente mientras te concentras en la maravilla que es respirar. Nuestra respiración es tan bella como la música.

Al inspirar, *sabes* que estás inspirando. Pones toda la atención en la inspiración. Mientras inspiras, hay paz y armonía en todo el cuerpo.

Al espirar, *sabes* que estás espirando. Mientras espiras aparece la calma, la relajación, el soltar. Permites que se relajen todos los músculos de los hombros y del rostro.

No necesitas forzarte a inspirar y espirar. No necesitas hacer esfuerzo alguno. No necesitas alterar la respiración, deja que ocurra de forma natural.

Al inspirar y espirar, imagina que alguien está tocando al violín una nota larguísima, moviendo el arco arriba y abajo de la cuerda. Esa nota suena sin interrupción alguna. Si fueras a dibujar una imagen que represente tu respiración, tendría la apariencia de un ocho, no de una línea recta, ya que hay una continuidad en el fluir de la respiración adentro y afuera. Tu respiración se convierte en la música.

Respirar así es plena conciencia, y mantener esa conciencia es concentración. Allá donde se da concentración se da visión profunda —un descubrimiento— que aporta mayor paz, comprensión, amor y alegría a tu vida.

Antes de seguir, disfrutemos de unos instantes para escuchar la música de nuestra respiración conjunta.

Inspirando, disfruto mi inspiración.
Espirando, disfruto mi espiración.

Inspirando, todo el cuerpo se armoniza con la
    inspiración.
Espirando, todo el cuerpo se calma con la espiración.

Inspirando, todo el cuerpo disfruta de la paz de la
    inspiración.
Espirando, todo el cuerpo disfruta la relajación de la
    espiración.

Inspirando, disfruto de la armonía de la inspiración.
Espirando, disfruto de la armonía de la espiración.

1

El vacío

El milagro del interser

*Vacío significa estar lleno de todo
pero vacío de una existencia separada.*

Imagina, por un momento, una hermosa flor. Puede ser una orquídea, una rosa o la humilde margarita que crece al borde del camino. Contemplando la flor, podemos ver que está llena de vida. Contiene tierra, lluvia y luz del sol. También está llena de nubes, océanos y minerales. Incluso está llena de espacio y tiempo. De hecho, todo el universo está presente en esta pequeña flor. Si hubiéramos eliminado uno solo de estos elementos «no-flor», la flor no habría podido estar presente. Sin los nutrientes del sustrato, la flor no podría crecer; sin la lluvia o la luz del sol, la flor moriría. Si eliminásemos todos los elementos no-flor, no quedaría ninguna sustancia que pudiéramos llamar «flor». Así que nuestra observación nos indica que la flor está llena del universo entero, y al mismo tiempo está vacía de una existencia propia separada. La flor no puede existir de forma independiente y aislada.

Nosotros también estamos llenos de innumerables cosas y, sin embargo, vacíos de un yo separado. Al igual que la flor, contenemos tierra, agua, aire, sol y calor. Contenemos espacio y conciencia. Contenemos a los ancestros, a padres y abuelos, educación, alimento y cultura. Todo el universo se ha reunido para crear la maravillosa manifestación que somos. Si eliminamos cualquiera de esos elementos «no-nosotros», nos daremos cuenta de que no queda un «nosotros».

El vacío: la primera puerta de liberación

Vacío no significa inexistencia. Decir que estamos vacíos no quiere decir que no existamos. Independientemente de que algo esté lleno o vacío, es obvio que ese algo debe, ante todo, existir. Cuando decimos que una taza está vacía, la taza debe existir para poder estar vacía. Cuando decimos que estamos vacíos, queremos decir que hemos de existir para poder estar vacíos de un yo permanente, separado.

Hace unos treinta años buscaba una palabra en inglés que describiera nuestra profunda conexión con todas las cosas. Me gustaba la palabra *togetherness*, «unión», pero finalmente di con el término *interbeing*, «interser». El verbo «ser» puede dar lugar a error, porque no podemos ser de forma aislada, independiente. «Ser» es siempre «interser». Si combinamos el prefijo «inter-» con el verbo «ser», creamos un nuevo verbo: «interser». Interser refleja de forma más precisa la realidad. Inter-somos unos con otros y con todo lo vivo.

Aprecio mucho la obra de un biólogo llamado Lewis Thomas. Expone que el cuerpo humano es «compartido, alquilado y ocupado» por una infinidad de minúsculos organismos sin los cuales no podríamos «mover un músculo, levantar un dedo o generar un pensamiento». Nuestro cuerpo es una comunidad. Los billones de células no humanas que hay en nuestro cuerpo superan en número a las células humanas. Sin ellas no podríamos estar ahora aquí; sin ellas no podríamos pensar, sentir o hablar. Thomas afirma que no existe ningún ser que esté aislado. Todo el planeta es una única célula gigante, viva, que respira, hecha de partes que trabajan unidas en simbiosis.

La visión profunda del interser

En la vida diaria podemos observar el vacío y el interser en todos los lugares. Observando a un niño, veremos con facilidad a su madre, a su padre, a su abuela y a su abuelo en él: su aspecto, su comportamiento, su discurso. Incluso sus habilidades y talentos son los de sus padres. Si a veces no comprendemos el porqué del comportamiento de un niño, nos será de gran ayuda recordar que no es una entidad separada. Es una *continuación*, sus padres y ancestros están en él, en ella. Cuando camina, cuando habla, todos ellos también caminan y hablan. Al observar a un niño podemos entrar en contacto con sus padres y antepasados, pero, de la misma forma, al observar a uno de los progenitores podemos ver al niño. No existimos de forma separada: inter-somos. Todo depende de todo lo demás del universo para manifestarse: una estrella, una nube, una flor, un árbol, e incluso tú y yo.

Recuerdo una vez que, practicando la meditación mientras caminaba por las calles de Londres, vi en el escaparate de una librería un libro con el título *Mi madre, yo mismo*. No compré ese libro porque intuí que ya conocía su contenido. Es cierto que cada uno de nosotros es la continuación de su madre; somos nuestra madre. Por tanto, cada vez que nos enojamos con nuestra madre o nuestro padre nos enojamos también con nosotros mismos. Todo aquello que hagamos, nuestros padres lo están haciendo también junto a nosotros. Esto puede ser difícil de aceptar, pero es la verdad. No podemos decir que no queremos tener nada que ver con nuestros progenitores. Ellos están en nosotros y nosotros en ellos. Somos la continuación de todos los ancestros. Gracias a la impermanencia, tenemos la oportunidad de transformar nuestra herencia en una dirección hermosa.

En mi cabaña, cada vez que ofrezco incienso o me postro ante el altar no lo hago como un ser separado, sino como todo un linaje. Siempre que camino, me siento, como o practico caligrafía, lo hago con la conciencia de que todos mis ancestros están conmigo en ese instante. Soy su continuación. Sea lo que sea que yo esté haciendo, la energía de la plena conciencia me permite hacerlo como un «nosotros», no como un «yo». Cuando sostengo el pincel, sé que no puedo eliminar a mi padre de mi mano. Sé que no puedo excluir a mi madre o a mis ancestros de mí mismo. Ellos están presentes en todas mis células, en mis gestos, en mi habilidad para trazar un bello círculo. Tampoco puedo eliminar de mi mano a mis maestros espirituales. Están ahí en forma de la paz, la concentración y la atención que disfruto mientras trazo el círculo. Todos trazamos juntos ese círculo. No hay un yo separado que lo esté haciendo. Mientras practico caligrafía, experimento la profunda visión del no yo y ese acto se convierte en una profunda práctica meditativa.

Tanto en casa como en nuestro lugar de trabajo, podemos practicar para percibir que todos los ancestros y maestros están presentes en nuestros actos. Podemos ver su presencia cuando mostramos ese talento o habilidad que nos han legado. Podemos apreciar su mano en la nuestra cuando preparamos la comida o lavamos los platos. Podemos experimentar una profunda conexión y liberarnos de la noción de que somos un yo separado.

Eres un río

Podemos considerar el vacío como interser en el espacio: nuestra relación con todos y todo en rededor. También podemos considerar el vacío como impermanencia en el tiempo. Impermanencia significa que nada se mantiene igual en dos momentos consecutivos. El filósofo griego Heráclito de Éfeso dijo: «No podrás bañarte dos veces en el mismo río». El río fluye sin cesar, por lo que si salimos a la orilla y luego volvemos a sumergirnos, el agua ya habrá cambiado. Incluso nosotros hemos cambiado en ese breve espacio de tiempo. En nuestro cuerpo hay células muriendo y naciendo a cada segundo. Nuestros pensamientos, percepciones, sensaciones y estados mentales cambian también de un instante al siguiente. Por tanto, no podemos nadar dos veces en el mismo río y el río tampoco recibe dos veces a la misma persona. Nuestro cuerpo y nuestra mente son un continuo en cambio constante. Aunque parezca que nuestro aspecto no cambie y mantengamos el mismo nombre, somos diferentes. Por muy sofisticadas herramientas que empleemos, no podremos encontrar en nosotros nada que permanezca inalterado y que podamos llamar un alma, un yo. Una vez que hemos aceptado la realidad de la impermanencia, debemos aceptar también la verdad del no-yo.

Las dos concentraciones en el vacío y en la impermanencia nos ayudan a liberarnos de la tendencia a creer que somos entidades separadas. Son visiones profundas que pueden ayudarnos a salir de la prisión de nuestras opiniones erróneas. Debemos entrenarnos en mantener la visión del vacío mientras observamos a otra persona, un pájaro, un árbol o una roca. Esto es muy diferente de sentarse para limitarse a especular acerca del vacío. Debemos percibir realmente la naturaleza de vacío, de interser, de impermanencia, en nosotros y en los demás.

Por ejemplo: dices que yo soy vietnamita. Quizá pienses firmemente que soy un monje vietnamita. Pero, de hecho, desde el punto de vista legal, yo no poseo un pasaporte vietnamita. Desde el punto de vista cultural, hay en mí elementos franceses, así como elementos de la cultura china e incluso de la cultura india. En mis escritos y enseñanzas puedes descubrir aportes de diversas corrientes culturales. Y desde el punto de vista étnico no existe raza vietnamita alguna. En mí hay elementos melanesios, indonesios y mongoles. Así como la flor está hecha de elementos no-flor, así yo estoy hecho de elementos no-yo. La visión profunda del interser nos ayuda a alcanzar esta sabiduría de la no-discriminación. Nos libera. Ya no deseamos pertenecer únicamente a una sola área geográfica o identidad cultural. Vemos en nosotros la presencia de todo el universo. Cuanto más empleemos la visión profunda del vacío, más descubriremos y más profunda será nuestra comprensión. Y esto, de forma natural, genera compasión, libertad y ausencia de miedo.

Llamadme por mis verdaderos nombres

Un día, en la década los años setenta, mientras trabajábamos para la Delegación Budista por la Paz en París, recibimos una noticia terrible. Muchos vietnamitas había huido del país en barco, lo que suponía la certeza de emprender un viaje muy peligroso. No solo existía el riesgo de las tormentas y de carecer de suficiente combustible, agua o comida;

también existía el peligro de ser atacados por piratas, que eran muy activos en la costa de Tailandia. La noticia que nos llegó era muy trágica. Los piratas habían abordado un barco, habían robado los objetos de valor y habían violado a una niña de once años. Su padre intentó defenderla y lo arrojaron por la borda. Tras el ataque, aquella niña se lanzó a su vez por la borda y ambos se ahogaron.

Después de recibir estas noticias, fui incapaz de conciliar el sueño. Mis sentimientos de tristeza, compasión y piedad eran demasiado fuertes. Pero, en tanto que practicante, no podía dejar que aquellos sentimientos de ira e impotencia nos paralizaran. Así que practiqué la meditación caminando, la meditación sentada y la respiración consciente para contemplar profundamente la situación, para intentar comprender.

Me vi como un niño nacido en el seno de una familia pobre en Tailandia, hijo de un pescador analfabeto. Generación tras generación, mis antepasados habían vivido en la pobreza, sin educación, sin ninguna ayuda. Yo mismo había crecido también sin educación y, quizá, rodeado de violencia. Un día, alguien me propone que salga al mar a hacerme rico como pirata y acepto sin pensarlo demasiado, desesperado por romper el terrible ciclo de pobreza. Luego, presionado por mis compañeros piratas y sin que haya ninguna patrulla costera que me lo impida, fuerzo a esa hermosa niña.

Nunca, en toda mi vida he aprendido a amar, a comprender. Nunca recibí una educación, nadie me mostró un futuro. Si tú hubieras estado allí, en aquel bote, con una pistola, podrías haberme disparado. Podrías haberme matado, pero no hubieras podido ayudarme.

En aquella noche de meditación en París vi que cientos de bebés seguían naciendo en circunstancias similares y que crecerían para convertirse en piratas a menos que yo hiciera algo por ayudarlos. Vi todo eso y mi ira se disolvió. El corazón se me llenó de energía de compasión y perdón. Podía tomar en mis brazos no solo a aquella niña de once años, sino también al pirata. Podía verme a mí mismo en ellos. Ese es el fruto de la contemplación sobre el vacío, sobre el interser. Podía ver que el sufrimiento no es exclusivamente individual: es también colectivo. El sufrimiento puede sernos transmitido por nuestros antepasados o puede existir en la sociedad que nos rodea. Cuando mi ira y mis reproches se disiparon, tomé la determinación de vivir mi vida de forma tal que pudiera ayudar no solo a las víctimas, sino también a los perpetradores.

Así que si me llamas Thich Nhat Hanh, diré: «Sí, ese soy yo». Y si me llamas niña, diré: «Sí, esa soy yo». Y si me llamas pirata, también diré: «Sí, ese soy yo». Estos son mis nombres verdaderos. Si me llamas niño empobrecido de una zona en guerra, sin futuro alguno, diré: «Sí, ese soy yo». Y si me llamas traficante de las armas que sustentan esa guerra, diré: «Sí, ese soy yo». Todas esas personas son nosotros mismos. Inter-somos con todos los demás.

Cuando somos capaces de librarnos de la idea
de separación, brota en nosotros la

compasión, nos llenamos de comprensión y
tenemos la energía necesaria para ayudar.

Dos niveles de verdad

En el habla diaria decimos «tú», «yo», «nosotros» y «ellos» porque estas designaciones son útiles. Identifican al hablante o a aquel o aquello de lo que se está hablando. Pero es importante darse cuenta de que son meras designaciones convencionales. Son solo verdades relativas, no la verdad última. Somos mucho más que esas etiquetas y categorías. Es imposible trazar una línea firme entre tú y el resto del universo. La visión profunda del interser nos ayuda a conectar con la verdad última del vacío. La enseñanza sobre el vacío no trata sobre la «muerte» del yo. El yo no necesita morir. El yo es solo una idea, una ilusión, un punto de vista erróneo, una noción: no es una realidad. ¿Cómo puede morir algo que no existe? No tenemos ninguna necesidad de matar al yo, pero podemos eliminar la ilusión de una entidad separada mediante la adquisición de una comprensión más profunda de la realidad.

Sin dueño, sin dirigente

Cuando nos vemos como poseedores de una entidad separada, de una existencia separada, nos identificamos con nuestros pensamientos y con nuestro cuerpo. Quizá pensemos: «Este es mi cuerpo» o «Esta es mi mente» de la misma forma en que podemos decir: «Esta es mi casa. Este es mi automóvil. Estos son mis títulos. Estas son mis sensaciones. Estas son mis emociones. Este es mi sufrimiento». En realidad, no deberíamos estar tan seguros.

Cuando pensamos, trabajamos o respiramos, muchos creemos que debe haber una persona, un actor, tras esas acciones, que debe existir «alguien» que realiza la acción. Pero cuando el viento sopla no hay nadie soplando el viento. Solo existe el viento, y si no sopla ya no es viento. Cuando decimos: «Está lloviendo», no se requiere de un «llovedor» para que exista la lluvia. ¿Quién es ese «algo» que está lloviendo? Solo existe el llover. La lluvia sucede.

De la misma forma, fuera de nuestras acciones no hay persona alguna, nada que podamos llamar «yo». Cuando pensamos, somos nuestros pensamientos; cuando trabajamos, somos el trabajo; cuando actuamos, somos nuestros actos.

Recuerdo que una vez vi una viñeta que representaba al filósofo francés René Descartes delante de un caballo. El filósofo, con un dedo levantado, decía: «Pienso, luego existo». Detrás de él, el caballo pensaba: «Luego, ¿qué eres?»

Descartes intentaba demostrar la existencia del yo. Según su razonamiento, si pienso, debe haber un «yo» existente que realice ese pensar. Si yo no existo, ¿quién está pensando?

No podemos negar que hay un pensamiento. Está claro que el pensar está teniendo lugar. La mayor parte del tiempo, el problema suele ser que se da un exceso de pensamiento —pensamiento sobre el ayer, preocupación sobre el mañana— y todo este pensamiento nos aleja de nosotros mismos y del aquí, del ahora. Cuando estamos atrapados en pensamientos sobre el pasado y el futuro, la mente no está con el cuerpo, no está en contacto con la vida que late en nosotros y a nuestro alrededor en este momento presente. Por lo tanto, quizá fuera más acertado decir:

> *Pienso (demasiado), luego existo*
> *(no aquí, no viviendo mi vida).*

La forma más precisa de describir el proceso del pensamiento no consiste en afirmar que hay «alguien» pensante, sino que el pensamiento se manifiesta como resultado de la extraordinaria, asombrosa conjunción de ciertas condiciones. No precisamos de un yo que piense: hay un pensar, tan solo el pensar. No existe una entidad adicional separada que realice el pensar. Si es que existe un pensador, ese pensador surge al mismo tiempo que el pensamiento. Es igual que izquierda y derecha. Una no puede existir sin la otra, pero tampoco puede existir antes que la otra: se manifiestan al mismo tiempo. En el mismo instante en que hay una izquierda, hay también una derecha. En el mismo instante en que hay un pensamiento, hay un pensador. El pensador *es* el pensar.

Ocurre lo mismo con el cuerpo y el acto. En nuestro cerebro, millones de neuronas trabajan conjuntamente, en constante comunicación. Actúan de forma sincronizada para producir un movimiento, una sensación, un pensamiento o una percepción. Sin embargo, no hay ningún director de esa orquesta. No hay nadie que tome las decisiones. No podemos localizar un lugar concreto en el cerebro o en ninguna parte del cuerpo en donde se controle todo. Se dan las acciones de pensar, sentir y percibir, pero no hay un actor, una entidad propia separada que lleve a cabo el pensar, sentir y percibir.

En 1966, en Londres, viví una experiencia muy intensa en el Museo Británico al contemplar un cadáver que se había conservado en la arena de forma natural, tumbado en posición fetal, durante más de cinco mil años. Permanecí allí, en pie, durante largo tiempo, muy concentrado, contemplando aquel cuerpo.

Unas semanas más tarde, en París, me desperté de repente en medio de la noche con un deseo de tocarme las piernas para comprobar que no me había convertido en un cadáver como aquel. Eran las dos de la mañana. Me incorporé y contemplé el cadáver y mi propio cuerpo. Después de permanecer así cerca de una hora, me sentí como lluvia cayendo sobre una montaña: fluir, fluir, fluir. Finalmente, me levanté y escribí un poema. Lo llamé «El rugido del gran león». La sensación era muy clara; las imágenes brotaban libremente, manaban con fuerza, como agua vertiéndose desde un contenedor gigante. Aquel poema empezaba con estos versos:

Una blanca nube flota en el cielo.
Las flores de un ramo florecen.

Nubes flotantes.

Flores florecientes.

Las nubes son el flotar.

Las flores son el florecer.

Vi con gran claridad que si una nube no flota, no es una nube. Si una flor no florece, no es una flor. Sin el flotar, no existe la nube. Sin el florecer, no existe la flor. No puedes separar ambos. No puedes extraer la mente del cuerpo y no puedes extraer el cuerpo de la mente: ellos inter-son. Así como descubrimos la flor en el florecer, así descubrimos al ser humano en la energía de la acción. Si no hay energía de acción, no hay ser humano. El filósofo francés Jean-Paul Sartre lo expresó en una frase hoy famosa: «El hombre es la suma de sus actos». Nosotros somos la suma de todo lo que pensamos, decimos y hacemos. Del mismo modo en que un naranjo produce bellas flores, hojas y frutos, nosotros producimos pensamiento, habla y acción. E, igual que en el caso del naranjo, nuestras acciones siempre maduran con el tiempo. Solo podemos descubrirnos en nuestros actos de cuerpo, palabra y mente, una continuación de energía a través del espacio y el tiempo.

No en una estupa

Hace más de diez años, una de mis discípulas en Vietnam hizo construir una estupa —un monumento funerario budista— para mis cenizas. Le dije que no necesitaba ninguna estupa para mis cenizas. No quiero quedar atrapado en una estupa, quiero estar por todas partes. «Pero —alegó— ¡ya está construida!» «En ese caso —le dije—, tendrás que hacer grabar delante una inscripción que diga: "Yo no estoy aquí"».

Es cierto, no estaré en la estupa. Aunque se incinere mi cuerpo y mis cenizas se entierren en ese lugar, ellas no son yo. No estaré ahí. ¿Por qué querría estar ahí dentro habiendo tanta belleza fuera?

De todas formas, por si se creaba un malentendido, le dije que quizá deberían añadir otra inscripción que dijera: «Tampoco estoy fuera». Nadie me encontrará ni dentro ni fuera de la estupa. Pero aún podría darse un malentendido. Así que quizá sería necesaria una tercera inscripción con esta leyenda: «Si me hallo en algún lugar, ese lugar es tu forma pacífica de respirar y caminar». Esa es mi continuación. Aunque nunca nos hayamos visto en persona, si al inspirar encuentras paz en tu inspiración, estoy ahí, contigo.

A menudo cuento una historia de la Biblia, del Evangelio según san Lucas, sobre dos discípulos que viajaban a Emaús tras la muerte de Jesús. En el camino, se encontraron con un hombre y se pusieron a hablar y a caminar junto a él. Después de un tiempo, se detuvieron en una posada para comer. Cuando los discípulos vieron la forma en que aquel hombre partía el pan y servía el vino, reconocieron a Jesús.

Esta historia nos muestra que ni siquiera se puede descubrir a Jesús únicamente en su cuerpo físico. Su realidad viva se extiende mucho más allá de su cuerpo físico. Jesús estaba plenamente presente en la forma en la que se partió el pan y se sirvió el vino. Ese es el Cristo viviente. Por eso, Jesús puede decir: «Donde están dos o tres reunidos en mi nombre, allí estoy yo en medio de ellos». No solo Jesús, Buda o cualquier otro gran maestro espiritual permanecerán con nosotros tras su muerte: todos nosotros continuamos como energía mucho tiempo después de que el cuerpo físico haya cambiado de forma.

La persona amada no es un yo

Cuando nos postramos ante Buda o nos inclinamos ante Jesucristo, ¿nos postramos ante el Buda que vivió hace 2.500 años? ¿Ante el Cristo que vivió hace 2.000 años? ¿Ante quién nos inclinamos? ¿Nos inclinamos ante un ser? Sabemos que Buda y Jesucristo fueron seres humanos como nosotros. Todo ser humano está hecho de cinco ríos que cambian y fluyen sin cesar: el cuerpo físico, las sensaciones, las percepciones, las formaciones mentales y la conciencia. Tú, yo, Jesucristo y Buda, todos estamos cambiando constantemente.

Decir que hoy Jesucristo es exactamente el mismo que era hace 2.000 años es un error, ya que ni siquiera durante los treinta años que vivió permaneció exactamente igual. Cambiaba todos los meses, todos los años. Lo mismo es cierto para Buda. Cuando tenía treinta años, Buda era diferente del que era cuando tenía cuarenta. Y cuando cumplió ochenta años era también diferente. Buda, como todos nosotros, evolucionó, cambió sin cesar. Luego, ¿qué Buda queremos? ¿Buda a los ochenta años o a los cuarenta? Quizá visualicemos a Buda con un rostro o cuerpo concreto, pero sabemos que su cuerpo es impermanente y sujeto a perpetuo cambio. O puede que creamos que Buda ya no existe o que aquel Jesucristo pasado ya no está presente. Pero esa afirmación también sería errónea, porque sabemos que nada puede perderse.

Buda no es un ser separado: Buda es sus actos. ¿Cuáles son sus actos? Sus actos son la práctica de la libertad y el despertar en servicio de todos los seres, y estos actos continúan. Buda aún está presente, pero no bajo la forma en la que solemos imaginárnoslo.

Cada uno de nosotros puede ponerse en contacto directo con Buda, es una acción que podemos llevar a cabo. Cuando somos capaces de caminar felices sobre la Tierra, experimentando las maravillas de la vida (los hermosos pájaros, árboles y el cielo azul), sintiéndonos felices, en paz, en calma, nosotros mismos somos una continuación de Buda. Buda no es algo exterior a nosotros: es una energía que está en nuestro interior. Cada día, el buda viviente se desarrolla y crece, se manifiesta bajo nuevas formas.

¿Qué edad tendrás en el cielo?

En los años setenta, en nuestra Delegación Budista por la Paz en París, había una mujer inglesa que se ofreció como voluntaria para ayudarnos en la tarea. Aunque tenía más de setenta años, gozaba de una excelente salud y cada mañana subía a pie las escaleras hasta el quinto piso en el que estaba nuestra oficina. Era anglicana y poseía una sólida fe. Creía firmemente que tras su muerte ascendería a los cielos, donde se reuniría con su amable y atractivo esposo, que había muerto a los treinta y tres años.

Un día le pregunté: «Cuando mueras y vayas al cielo para reencontrarte con tu esposo, ¿tendrá él treinta y tres, setenta u ochenta años? ¿Y qué edad tendrás tú? Te parecería raro, ahora que tienes más de setenta años, encontrarte con un joven de treinta y tres». A veces nuestra fe es muy simple.

Ella se sintió confundida, nunca se había planteado esa cuestión. Se había limitado a asumir que se verían de nuevo. Gracias a la visión del interser —la profunda convicción de que inter-somos unos con otros y con toda forma de vida—, no necesitamos esperar a encontrarnos con las personas amadas de nuevo en el paraíso. Ellas están aún con nosotros aquí mismo.

Nada se pierde

Algunos creen en un ser eterno que sigue existiendo después de la desintegración del cuerpo. Podríamos calificar esta creencia como una clase de «eternalismo». Otros creen que no hay nada después de la muerte. Eso es una forma de «nihilismo». Debemos evitar ambos extremos. La profunda visión de la impermanencia y del interser nos enseña que no puede existir un ente eterno, separado, y la primera ley de la termodinámica —la ley de la conservación de la energía— nos dice que nada puede ser destruido o creado: solo puede ser transformado. Así que creer que no seremos nada tras la descomposición del cuerpo no tiene base científica.

Mientras estamos vivos, nuestra vida es energía, y tras la muerte seguimos siendo energía. Esa energía cambia y se transforma constantemente. Nunca se perderá.

No podemos afirmar que no haya nada después de la muerte. Algo no puede devenir nada.

Si hemos perdido a alguien muy cercano y estamos apenados por su pérdida, concentrarnos en el vacío y la ausencia de signo nos ayuda a observar profundamente y a descubrir las vías por las cuales esa persona aún continúa. La persona amada aún vive en nosotros y en torno a nosotros. Es muy real, no la hemos perdido. Podemos reconocerla aún bajo una forma diferente o incluso en una forma más bella que la del pasado.

A la luz del vacío y el interser vemos que no ha muerto, no ha desaparecido. Continúa por sus acciones y en nuestro interior. Aún podemos hablarle. Podemos decirle algo así: «Sé que estás ahí. Respiro para ti, sonrío para ti. Disfruto de mirar a mi alrededor con tus ojos. Disfruto la vida contigo. Sé que aún estás muy cerca de mí, que ahora continúas en mí».

Fuerza vital

Si no hay un dirigente, un amo, un actor tras nuestros actos ni un pensador tras nuestros pensamientos, ¿por qué tenemos esta sensación de un yo? En la psicología budista, la parte de la conciencia que tiene tendencia a crear la sensación de un yo se denomina con el término sánscrito *manas*. *Manas* equivale a lo que Sigmund Freud llamó el *id* en la teoría del psicoanálisis. *Manas* se manifiesta desde lo más profundo de la conciencia, es nuestro instinto de supervivencia. Siempre nos insta a evitar el dolor y a perseguir el placer. *Manas* no deja de decirnos: «Este soy yo, este es mi cuerpo, esto es mío», porque es incapaz de percibir la realidad con claridad. *Manas* intenta proteger y defender lo que cree, sin atisbo de duda, que es un yo. Pero esto no es siempre favorable para nuestra supervivencia. *Manas* no puede ver que estamos hechos únicamente de elementos no-nosotros y que lo que considera un yo no es, en realidad, una entidad separada. *Manas* no puede ver que su errónea noción de un yo puede llevarnos a padecer un gran sufrimiento e impedirnos vivir libres y felices. Al contemplar la interconexión entre nuestro cuerpo y nuestro entorno, podemos ayudar a *manas* a transformar su ilusión y a ver la verdad.

No necesitamos deshacernos de *manas*: *manas* es una parte integrante de la vida. La razón por la que *manas* llama a este cuerpo «yo» y «mío» es que una de las funciones de *manas* es preservar la fuerza vital. Esa fuerza vital es aquello que el filósofo francés del siglo XX Henri Bergson llamó *élan vital*. Al igual que las demás especies, poseemos el ansia de vivir y un fuerte deseo de aferrarnos a nuestra vida, de protegernos y defendernos ante el peligro. Pero debemos ser cautelosos y no permitir que nuestros instintos de autoconservación y autodefensa nos induzcan al error de pensar que poseemos un yo separado. La visión profunda del interser y del no-yo puede ayudarnos a emplear nuestra fuerza vital —lo que Freud llamó sublimación— para realizar acciones en nuestra vida que tengan por fin ayudar y proteger a los demás, perdonar y reconciliar, y ayudar y proteger la Tierra.

Recuerdo una vez en que dejé olvidado un trozo de jengibre en una esquina de mi cabaña. Un día, descubrí que había germinado. De aquel tallo había brotado una planta de jengibre. Había vida en aquel trozo de tallo. Lo mismo puede pasar con una patata. Todo posee esta vitalidad que le lleva a buscar la pervivencia y a tener una sucesión. Es algo natural, todos los seres anhelan vivir. Así que puse el jengibre en un tiesto con algo de tierra y lo dejé crecer.

Cuando una mujer queda encinta, existe ya una fuerza vital que dirige el desarrollo del bebé. La fuerza vital de la madre y del feto no son ni la misma ni otra diferente. La fuerza vital materna penetra en el niño, y la fuerza vital del niño penetra en la madre. Son uno, y poco a poco se separan. Pero a veces creemos que el nacimiento del niño le otorga una entidad separada, como si su cuerpo, sus sensaciones, sus percepciones, sus formaciones mentales y su conciencia fuesen diferentes de las de su madre. Quizá creamos que podemos separar al hijo de la madre, pero lo cierto es que perdura una relación de continuidad. Al observar al niño vemos a la madre, y al observar a la madre vemos al niño.

Práctica: la mano de tu madre

¿Recuerdas las veces en que, en tu infancia, estabas enfermo con fiebre? ¿Recuerdas lo mal que te sentías? Pero entonces, tu madre, tu padre, quizá tu abuela o abuelo, te ponían su mano sobre la frente ardiente y notabas una sensación maravillosa. Podías sentir el néctar de amor en su mano, y eso bastaba para consolarte, para calmarte. El mero hecho de saber que estaban ahí, a tu lado, te proporcionaba gran alivio. Si ya no vives cerca de tu madre, o si tu madre no está ya presente en su habitual forma corporal, debes observar profundamente para ver que, en realidad, siempre está contigo. Llevas a tu madre en cada célula del cuerpo. Su mano está aún en la tuya. Si tus padres ya han fallecido y practicas esta mirada profunda, podrás llegar a tener con ellos una relación más profunda que la que tenga una persona cuyos padres aún vivan pero no tenga una comunicación fluida con ellos.

Ahora puedes tomarte un tiempo para observar tu mano. ¿Puedes ver la mano de tu madre en la tuya? ¿O la de tu padre? Observa profundamente tu mano. Con esta visión, y con todo el amor y cuidados de tus padres, eleva la mano hasta la frente y siente cómo la mano de tu madre, la mano de tu padre, te toca la frente. Deja que los padres que están dentro de ti te cuiden. Ellos siempre están contigo.

Seres vivientes

Tendemos a establecer una distinción entre formas de vida animada y formas de vida inanimada. Pero una observación más detenida nos muestra que existe fuerza vital incluso en esos objetos que llamamos inanimados. Hay fuerza vital y conciencia en un tallo de jengibre o en una bellota. El jengibre sabe cómo convertirse en planta, la bellota sabe cómo convertirse en roble. No podemos decir que sean seres inanimados, porque saben lo que deben hacer. Incluso una partícula subatómica o una mota de polvo contiene vitalidad. No hay una línea divisoria precisa entre lo animado y lo inanimado, entre materia viva y materia inerte. En la materia llamada inerte existe vida, y los seres vivientes dependen de la materia llamada inerte. Si extrajeran de ti y de mí esos elementos llamados inanimados, no podríamos vivir. Estamos hechos de elementos no humanos. Esa es la enseñanza del *Sutra del Diamante*, un antiguo texto budista que puede ser considerado el primer tratado sobre ecología profunda en el mundo. No podemos delinear una firme diferenciación entre los seres humanos y el resto de seres vivientes, o entre los seres vivientes y la materia inerte.

Todo contiene vitalidad.
Todo el universo resplandece de vida.

Si consideramos la Tierra un mero bloque de materia exterior a nosotros, no hemos visto realmente la Tierra. Necesitamos ser capaces de ver que somos parte de la Tierra, ver que toda la Tierra está en nosotros. La Tierra está también viva. Posee su propia inteligencia y creatividad. Si la Tierra fuese materia inerte, no podría dar origen a tantos grandes seres como Buda, Jesucristo, Mahoma o Moisés. La Tierra es también una madre para nuestros padres, para nosotros. Si miramos con ojos que carezcan de discriminación, podremos establecer una relación íntima con la Tierra. Miramos la Tierra con el corazón, no con la mirada del frío razonamiento. Tú eres el planeta, y el planeta es tú mismo. El bienestar de nuestro cuerpo es imposible sin el bienestar del planeta. Por eso, para proteger el bienestar de tu cuerpo debes proteger el bienestar del planeta. Esa es la visión profunda del vacío.

¿Eres alma gemela de Buda?

En el tiempo de Buda existían incontables religiones y maestros y maestras espirituales, cada cual defendía su propio camino y práctica espiritual, cada cual declaraba que sus enseñanzas eran las mejores, las más acertadas. Un día, un grupo de jóvenes vino a ver a Buda y le preguntó: «De todos estos maestros y maestras, ¿a quién debemos creer?»

«A ninguno, ni siquiera a mí —contestó Buda—, por muy antigua que sea esa enseñanza, por muy excelso y reverenciado que sea el maestro que la predica. Deben emplear su inteligencia y su mente crítica para examinar con cuidado todo lo que oigan o vean. Después, pongan esa enseñanza en práctica y observen si les ayuda a liberarse del sufrimiento y de las dificultades. Si lo hace, pueden creer en ella.» Si queremos ser alma gemela de Buda, debemos contar con ese espíritu cultivado y crítico.

Si no permitimos que nuestras creencias evolucionen, si no conservamos la mente abierta, corremos el riesgo de despertar un día y descubrir que hemos perdido la fe en aquello que creíamos. Esta puede ser una experiencia desoladora. En tanto que practicantes de meditación, no deberíamos aceptar jamás nada con fe ciega, como si fuera una verdad absoluta, inalterable. Debemos investigar y observar la realidad con plena conciencia y concentración para que nuestra comprensión y fe puedan ser cada día más y más profundas. Esa es una fe que no podemos perder, porque no se basa en ideas o creencias, sino en la experiencia de la realidad.

¿Existe la reencarnación?

Muchos rechazamos la idea de que tengamos que morir un día. Y al mismo tiempo, queremos saber qué ocurre cuando morimos. Algunos creemos que iremos al cielo y viviremos allí, felices. Para otros, la vida es demasiado corta y buscan una nueva oportunidad para actuar mejor la próxima vez. Esta es la razón por la que resulta tan atractiva la idea de la reencarnación. Puede que esperemos que en una próxima vida las personas que han cometido actos violentos serán llevadas ante la justicia y que pagarán por sus crímenes. O quizá tengamos miedo de la nada, del olvido, de no existir nunca más. Por eso, cuando vemos que el cuerpo comienza a envejecer y a desintegrase, es tentador creer que puede que tengamos la oportunidad de comenzar de nuevo con un cuerpo joven y sano, como si nos deshiciésemos de ropas gastadas.

La idea de la reencarnación implica que existe un alma separada, un yo o un espíritu que, de algún modo, abandona el cuerpo al morir y emprende el vuelo para reencarnarse más tarde en otro cuerpo. Es como si el cuerpo fuera un hogar para la mente, el alma o el espíritu. Esto supone que mente y cuerpo pueden ser separados uno del otro; que, aunque el cuerpo sea impermanente, la mente y el espíritu son, en cierta forma, permanentes. Pero ninguna de esas ideas se ajusta a las enseñanzas primordiales del budismo.

Podemos hablar de dos tipos de budismo: el budismo popular y el budismo profundo. Diferentes públicos necesitan diferentes enseñanzas; las enseñanzas deben adaptarse siempre a fin de que sea adecuadas para quienes la escuchen. Por ello hay miles de diferentes puertas de acceso a las enseñanzas, lo que permite que todo tipo de personas puedan beneficiarse de ellas y experimentar una transformación, un alivio de su sufrimiento. En la cultura budista popular se dice que existen innumerables ámbitos infernales en los que podemos sumirnos al morir. Muchos templos exhiben vívidas ilustraciones de los horrores que podemos padecer en los ámbitos infernales. Por ejemplo, si hemos mentido en esta vida, en la próxima nos cortarán la lengua. Esto es una muestra del uso de «medios hábiles» para motivar a todos a que lleven una vida más ética. Es una estrategia que puede ser útil para algunos, pero que puede no serlo para otros.

Aunque estas enseñanzas *no* se ajusten a la verdad primordial, mucha gente puede sacar provecho de ellas. De todas formas, empleando compasión, habilidad y comprensión podemos ayudarnos mutuamente a abandonar gradualmente esas ideas y profundizar nuestra comprensión. Si queremos abrirnos a una nueva forma de contemplar la vida, la muerte y lo que ocurre al morir, necesitamos abandonar nuestras ideas actuales para permitir que surja una comprensión más honda. Si queremos ascender por una escalera, debemos levantar el pie de un escalón para poder alcanzar el siguiente. Si nos apegamos a las opiniones que mantenemos ahora, no podremos progresar.

Al principio, yo tenía algunas nociones sobre la plena conciencia, la meditación y el budismo. Después de practicar durante diez años, alcancé una comprensión más acertada. Tras cuarenta o cincuenta años de práctica, mi visión y mi comprensión son aún más profundas. Todos seguimos un camino, todos progresamos, y a lo largo del camino necesitamos estar dispuestos a abandonar las ideas que tenemos ahora para ser capaces de abrirnos a una visión nueva, mejor, más profunda, que nos acerque a la verdad; una visión que sea más útil para ayudarnos a transformar el sufrimiento y cultivar la felicidad. Cualesquiera que sean nuestras opiniones, debemos ser cautelosos para no quedar atrapados en la idea de que nuestra opinión es «la mejor» y que somos los únicos poseedores de la verdad. El espíritu del budismo es muy tolerante. Deberíamos mantener la mente abierta a todos aquellos que posean otros puntos de vista o creencias. La práctica de la apertura, del no-apego a puntos de vista, es fundamental en el budismo. Por eso, a pesar de que existan decenas de escuelas diferentes dentro del budismo, los budistas nunca han librado entre ellos guerra santa alguna.

La esencia de las enseñanzas de buda

El contexto espiritual de la India de aquel tiempo ejerció una fuerte influencia sobre las enseñanzas de Buda. El budismo está hecho de elementos no budistas, del mismo modo en que la flor está hecha de elementos no-flor. En Occidente se asocia a menudo el budismo a las ideas de reencarnación, karma y retribución; pero estos no son conceptos originariamente budistas. Eran principios que estaban ya muy bien establecidos cuando Buda empezó a enseñar. De hecho, no pertenecían en absoluto a la esencia de lo que Buda enseñaba.

En la antigua India, las enseñanzas de la reencarnación, el karma y la retribución partían de la base de la existencia de un yo. Había una extendida y arraigada creencia en la existencia de un ser permanente que se reencarnaba y era objeto de una retribución kármica por los actos realizados en esta vida. Pero cuando Buda habló de la reencarnación, el karma y la retribución, lo hizo a la luz del no-yo, la impermanencia y el nirvana: nuestra auténtica naturaleza de no-nacimiento y no-muerte. Enseñó que no es necesario poseer un ser separado e inmutable para que el karma —los actos de cuerpo, habla y mente— tuviera una continuación.

La mente no es una entidad separada, según las enseñanzas fundamentales de Buda acerca del no-yo, la impermanencia y el interser. La mente no puede abandonar el cuerpo y reencarnarse en otro lugar. Si se separa la mente o el espíritu del cuerpo, ese espíritu no existirá ya. Cuerpo y mente dependen uno del otro para existir. Lo que le ocurre al cuerpo repercute en la mente, y lo que le ocurre a la mente repercute en el cuerpo. La conciencia depende del cuerpo para manifestarse. Nuestras sensaciones necesitan de un cuerpo para ser sentidas. Sin un cuerpo, ¿cómo podríamos sentir? Pero esto no supone que desaparezcamos cuando el cuerpo muere. El cuerpo y la mente son una fuente de energía, y cuando esa energía no se manifiesta ya bajo la forma de un cuerpo y una mente, se manifiesta bajo otras formas: en nuestros actos de cuerpo, habla y mente.

No necesitamos un yo permanente y separado para cosechar las consecuencias de nuestros actos. ¿Eres la misma persona que eras el año pasado, o eres diferente? Incluso en una misma vida, no podemos afirmar que la persona que sembró buenas semillas el año pasado sea exactamente la misma que cosecha el beneficio este año.

Desgraciadamente, muchos budistas aún se aferran a la idea de un yo que les ayude entender las enseñanzas sobre la reencarnación, el karma y la retribución. Pero esto constituye un tipo de budismo muy diluido, ya que ha perdido la esencia de las enseñanzas de Buda acerca del no-yo, la impermanencia y nuestra verdadera naturaleza de no-nacimiento, no-muerte. Una enseñanza que no refleje esta sabiduría no pertenece a la enseñanza fundamental del budismo. Las tres puertas de la liberación —vacío, no signo, no objetivo— encarnan lo más granado de las enseñanzas de Buda.

En el budismo, si experimentas la realidad del interser, la impermanencia y el no yo, comprenderás la reencarnación de una forma muy diferente. Verás que es posible renacer sin un yo, que es posible un karma sin un yo, que es posible la retribución sin un yo.

Todos estamos naciendo y muriendo a cada instante. Esta manifestación de vida da paso a otra manifestación de vida.

Nuestros hijos, nuestros discípulos,
cualquiera cuya vida hayamos rozado
es nuestra continuación.

«Renacimiento» es una descripción más acertada que «reencarnación». Cuando una nube deviene en lluvia, no podemos decir que la nube se ha «reencarnado» en lluvia. «Continuación», «transformación» y «manifestación» son todas palabras adecuadas, pero quizá la mejor sea «remanifestación». La lluvia es una remanifestación de la nube. Nuestros actos de cuerpo, palabra y mente son un tipo de energía que estamos continuamente transmitiendo, y esa energía se manifiesta una y otra vez bajo diferentes formas.

Una vez, una niña me preguntó: «¿Qué se siente cuando estás muerto?» Esta es una muy buena pregunta, muy profunda. Utilicé el ejemplo de la nube para hablarle sobre el nacimiento, la muerte y la continuación. Le dije que una nube no puede morir jamás. Una nube solo puede convertirse en otra cosa, como lluvia, nieve o granizo. Cuando eres una nube, te sientes como una nube. Y cuando te conviertes en lluvia, te sientes como la lluvia. Y cuando te conviertes en nieve, te sientes como la nieve. Remanifestarse es maravilloso.

2

Ausencia de signo

Una nube nunca muere

La muerte es imprescindible para que la vida sea posible. La muerte es transformación.
La muerte es continuación.

Imagina que elevamos la mirada al cielo y vemos una nube muy hermosa. Pensamos: «Qué nube tan bella». Un poco más tarde, volvemos a elevar la vista, observamos que el cielo está despejado y pensamos: «Qué pena, la nube ha desaparecido». Las cosas parecen existir durante un instante y desaparecer después. Vemos todo de este modo porque tenemos tendencia a quedar atrapados en los signos, las apariencias y las formas familiares, y esto nos impide ver la verdadera naturaleza de la realidad.

Al ver algo reconocible en el mundo de los fenómenos, como una nube, decimos que está ahí, que existe. Y cuando ya no lo vemos decimos que no está ahí, que ya no existe. Pero la verdad subyacente es que aún existe, aunque su apariencia haya cambiado. El reto es reconocerlo bajo sus nuevas formas. Esa es la meditación sobre la ausencia de signo.

Nuestra capacidad para comprender la verdadera naturaleza del no-nacer y del no-morir y superar el miedo, el dolor, la ira y la tristeza depende de si podemos mirarlo todo con los ojos del no-signo. Si sabemos ver con la mirada del no-signo, no nos será difícil responder a esta pregunta: ¿Qué ocurre cuando morimos?

Ausencia de signo: la segunda puerta de liberación

Un signo es lo que caracteriza la apariencia de cualquier cosa, su forma. Si reconocemos las cosas a partir de su signo, puede que creamos que esta nube es diferente de aquella otra, que el roble no es la bellota, que los hijos no son los padres. En el ámbito de la verdad relativa, estas distinciones son útiles, pero pueden impedirnos ver la verdadera naturaleza de la vida, que trasciende estos signos. Buda dijo: «Donde hay un signo, hay siempre engaño». Gracias a la profunda visión del interser, podemos darnos cuenta de que existe una conexión profunda entre esta nube y aquella, entre la bellota y el roble, entre padres e hijos.

La nube que flotaba en el cielo hace un instante parece haber desaparecido. Pero, si observamos profundamente, vemos que los mismos elementos que formaban la nube se han convertido ahora en lluvia, en niebla o incluso en nieve. La verdadera naturaleza de la nube, H_2O, aún está ahí, existe bajo nuevas formas. Es imposible que el H_2O pase de ser algo a no ser nada, de ser a no-ser. Aunque ya no podamos verla, la nube no ha muerto. Quizá se haya convertido en la lluvia que ha proporcionado el agua que manó del grifo y se vertió en mi tetera para llenar mi taza con té. La nube que flotaba ayer en el cielo no ha desaparecido: se ha convertido en té. No ha muerto, solo está jugando al escondite.

Tú también cambias de forma sin cesar. Hojeas un álbum familiar de fotografías y te encuentras con un retrato de cuando eras una niña o un niño. ¿Dónde está ahora esa persona? Sabes que eres tú. Lleváis el mismo nombre y, sin embargo, su apariencia no es la tuya. ¿Eres aún aquella niña, aquel niño? ¿O eres alguien distinto? Esta es la práctica de contemplar tu propio no-signo. Hoy en día tu aspecto es diferente, hablas, actúas y piensas de otra manera. Tu forma, tus sensaciones, tus percepciones y tu conciencia son muy distintas. No eres permanente, invariable. Así que no eres la misma persona, pero tampoco eres una persona totalmente diferente. Cuando no te quedas atrapado en apariencias o imágenes concretas, puedes ver con más claridad. Puedes ver que el pequeño niño, la pequeña niña, aún vive en cada célula de tu cuerpo. Es posible escucharla, escucharlo, dentro de ti siempre que quieras y cuidarlo. Puedes invitar a esa niña, a ese niño, a que respire contigo, camine contigo y disfrute contigo de la naturaleza.

El día en que tú naciste

En este preciso momento, todos estamos muriendo. Algunos morimos más lentamente que otros. Podemos estar vivos porque estamos muriendo a cada instante. Quizá creamos que los que mueren son los demás, no nosotros, pero no deberíamos permitir que las apariencias nos engañen.

Existen dos niveles de verdad sobre el nacimiento y la muerte. En el ámbito de la verdad convencional, podemos decir que existe el nacimiento y existe la muerte, hay un principio y un final, creación y destrucción. Por ejemplo, podemos echar mano del calendario y anotar la fecha del nacimiento de una persona y del fallecimiento de otra. La mayoría poseemos un certificado que registra la fecha oficial de nuestro nacimiento, sin el cual es muy difícil obtener un pasaporte o inscribirse en una escuela. Y al morir, se expide un certificado con la fecha y hora del fallecimiento. En ese sentido, nacimiento y muerte son reales. Y son importantes, son conceptos útiles, pero no son toda la verdad.

Si observamos con más profundidad, se puede constatar que la fecha oficial de nacimiento no es el momento de tu nacimiento. Es tan solo un momento de continuación. Ya existías antes de eso. Estuviste en el útero durante ocho o nueve meses. ¿En qué instante te convertiste en ti mismo? Algunos podrían opinar que deberías fijar la fecha de tu nacimiento en el día en que fuiste concebido. Pero eso tampoco sería totalmente exacto. Mucho antes de tu concepción, los elementos que te componen estaban ya presentes en el esperma y el óvulo que se unieron para hacer que te manifestaras. Ya existías en todas las condiciones que sustentaron y nutrieron a tu madre mientras estaba encinta. Y mucho antes, existías ya en tus abuelos. De hecho, podrías retrotraer esa fecha infinitamente. No hay ningún momento en el que no existieras. Por eso, en la tradición zen se plantean preguntas como esta: «¿Cuál era tu rostro antes de que naciera tu abuela?»

El día que llamas tu cumpleaños es, en realidad, un día para recordar tu continuación. Cada día que vives es un día de continuación. En tu cuerpo, se suceden vida y muerte constantemente. Llegamos a existir y abandonamos la existencia en cada instante de nuestra vida. Cuando te rascas o te frotas, quitas la piel seca y nacen nuevas células. En el tiempo necesario para leer este párrafo, han muerto miles de células. Pero hay tantas que no tienes tiempo de organizarles funerales. En ese mismo tiempo, miles de células han nacido, pero sería imposible organizarles fiestas de nacimiento.

Cada día te transformas. Partes de ti nacen
y partes de ti mueren.

Hay una íntima conexión entre nacimiento y muerte. Sin el primero, la segunda no tendría lugar. Como dicen los Evangelios, si la semilla no muere, nunca dará fruto.

Tendemos a creer que la muerte es algo muy negativo, oscuro y doloroso. Pero no es así. La muerte es imprescindible para la vida. La muerte es transformación. La muerte es continuación. Cuando morimos, algo nuevo nace, aunque necesite tiempo para manifestarse o para que podamos reconocerlo. Puede que en el momento de la muerte haya algo de dolor, al igual que hay cierto dolor en el momento del parto o cuando en primavera brotan los primeros brotes en la corteza del árbol. Pero una vez que sabemos que la muerte es imposible sin que se produzca el nacimiento de algo nuevo, somos capaces de soportar el dolor. Necesitamos una mirada profunda para reconocer aquello que se manifiesta cuando algo muere.

Jugando al escondite

En Francia, delante de mi cabaña hay un bello membrillero japonés que suele florecer en primavera. Un año, el invierno fue muy templado y las flores brotaron temprano. Pero una noche llegó una ola de frío y todo se heló. Al día siguiente, mientras practicaba meditación caminando, me di cuenta de que todos los brotes del membrillero habían muerto. Era una imagen desoladora. Los brotes ni siquiera habían llegado a ver la luz del día y ya habían muerto.

Unas pocas semanas después el tiempo volvió a ser templado, y durante mi caminata vi nuevos brotes en el membrillero. Eran muy bellos, jóvenes y frescos, me alegré mucho. Les hice esta pregunta: «¿Sois los mismos brotes que murieron con la helada, o sois otros diferentes?» Los brotes me contestaron: «No somos los mismos y no somos diferentes. Cuando las condiciones son propicias, nos manifestamos, y cuando las condiciones no lo son, nos escondemos».

Antes de que mi madre me tuviera a mí, había quedado embarazada de otro niño, pero lo perdió. Cuando yo era joven, siempre me preguntaba: ¿quién había intentado manifestarse, mi hermano o yo mismo? Que un bebé muera implica que no se daban las condiciones necesarias para su manifestación, y ese bebé ha decidido retirarse y esperar hasta que las condiciones sean más propicias: «Mejor me retiro; regresaré pronto, queridos». Debemos respetar su voluntad. Si miras el mundo de esta forma, sufrirás menos. ¿Era mi hermano aquel bebé que mi madre perdió? Quizás era yo mismo que estaba a punto de aparecer, pero en vez de hacerlo, pensé: «Este no es el momento propicio», y me retiré.

La visión profunda del vacío y de la ausencia de signo nos pueden ayudar a liberarnos del dolor. El bebé no posee una entidad separada, está hecho de su madre, de su padre y de muchas otras causas y condiciones. Cuando estos elementos confluyan otra vez, el nuevo bebé que se manifieste no será exactamente igual ni totalmente diferente. Nada se pierde.

Tu vida tiene una duración ilimitada

Cuando hablamos de «fecha de nacimiento» u «hora del fallecimiento», hablamos realmente de nociones. Decir que hay una «duración de la vida» es también hablar de una noción. Estas etiquetas y signos son designaciones convencionales que son útiles en el ámbito de la verdad relativa, pero no son la verdad primordial. No son la realidad. El motivo por el que tememos la muerte, nos enoja o nos apena es que aún estamos atrapados en las nociones incorrectas de nacimiento y muerte. Creemos que la muerte supone que de ser algo pasamos a no ser nada. Pero si vemos todas las maneras en las que existimos más allá de nuestro cuerpo, en formas que cambian sin cesar, nos damos cuenta de que nada se pierde, y ya no nos sentimos tan enojados o atemorizados.

Cuando una nube se convierte en lluvia, quizá tengamos la tentación de decir que la nube ha muerto. Pero sabemos que la verdadera naturaleza de la nube, H_2O, no ha muerto en absoluto. Se ha convertido en lluvia. Si queremos ver la verdadera naturaleza de la nube, debemos librarnos del signo «nube». El morir de una nube es, al mismo tiempo, el nacer de la lluvia. Si la nube no muriera, ¿cómo podría nacer la lluvia? Pero la nube no debe esperar hasta ese momento para presenciar el nacimiento de la lluvia. Porque, al igual que nosotros, la nube está muriendo todo el tiempo.

Supón que pones agua a calentar. A medida que el agua se calienta, se va formando cierto vapor de agua. Cuando la temperatura llega a los 100 ºC, se da un transformación más rápida y una mayor cantidad de agua pasa a ser vapor. La evaporación es, al mismo tiempo, la muerte del agua y el nacimiento del vapor que más tarde se convertirá en una nube en el cielo. Lo mismo es cierto en nuestro caso. A veces se da una transformación lenta, y otras la transformación es más abrupta.

No necesitamos esperar hasta que el agua de nuestra propia vida se acerque a los 100 ºC, quizás entonces sea demasiado tarde. Deberíamos tomarnos el tiempo ahora, mientras aún estamos en vida, para comprender el proceso de nacer y morir, y así liberarnos de la ansiedad, el miedo y el dolor. No importa si estamos muriendo de forma rápida o lenta: esta profunda visión engrandecerá la calidad de nuestra vida y podremos apreciar cada instante de ella. Un día vivido hondamente con esta visión puede ser más valioso que mil días vividos sin ella.

Lo que importa es la calidad de nuestra vida,
no cuántos años vivamos.

¿Vivo o muerto?

Cuando observamos un roble, puede que nos cueste imaginar que creció a partir de una bellota. ¿Está aún viva aquella bellota? Si lo está, entonces ¿por qué no podemos verla? ¿O es que la bellota no existe ya? Si murió, ¿cómo es posible que exista este roble?

Las enseñanzas sobre la ausencia de signo nos ayudan a liberarnos de la tendencia a encasillarlo todo. Solemos intentar que todo lo vivo encaje en una de estas cuatro categorías:

1. ¿Está vivo?
2. ¿Está muerto?
3. ¿Está aún en el ámbito del ser? En otras palabras, ¿existe aún?
4. ¿Ha pasado al ámbito del no-ser? ¿Ya no existe?

Lo cierto es que no podemos hacer que la vida encaje en categorías como «existente» o «no existente». Una vez que hemos alcanzado la verdad primordial, vemos que categorías como «vivo» o «muerto» no son de aplicación alguna, bien se trate de una nube, una bellota, un electrón, una estrella, nosotros mismos o los seres que amamos.

Del mismo modo en que hemos de liberarnos de la noción de un yo, de un ser humano diferenciado de los demás seres vivos, también debemos liberarnos del signo y la apariencia de una duración de vida. La duración de tu vida no se limita a setenta, ochenta o cien años, y esa es una noticia estupenda. Tu cuerpo no es tu yo: tú eres mucho más que este cuerpo. Eres la vida ilimitada.

Eres mucho más que este cuerpo

Ya habrás empezado a darte cuenta de que no estamos limitados por nuestro cuerpo físico, ni siquiera mientras estamos aún vivos. Inter-somos con todos nuestros ancestros, con nuestros descendientes y con todo el universo. No poseemos una entidad separada, nunca hemos nacido realmente y nunca moriremos realmente. Estamos interconectados con toda la vida, y estamos en transformación permanente.

Las diferentes tradiciones budistas han desarrollado muchas formas de visualizar nuestra vida ilimitada. Una de esas formas es considerar que poseemos muchos otros «cuerpos» además del cuerpo humano. Algunas tradiciones afirman que poseemos tres cuerpos; otras mantienen que son cinco o siete. Con una mirada profunda, si comprendemos la naturaleza de vacío y la ausencia de signo y experimentamos la profundidad del interser, podemos identificar, al menos, ocho cuerpos diferentes. Cuando somos capaces de reconocer y experimentar todos esos cuerpos, vivimos de forma más plena y nos enfrentamos sin miedo a la desintegración de nuestro cuerpo físico.

La palabra «cuerpo» aquí significa, sencillamente, un conjunto de energía, un cuerpo de energía. La ciencia actual afirma que todo lo que percibimos es energía. Cierto tipo de energía puede ser detectada a través de los sentidos; otro tipo puede ser detectado únicamente con instrumental especializado. Puede que también haya tipos de energía que aún no hemos aprendido a medir, pero incluso así podemos ser capaces de percibirla y sentirla.

Mantenemos una estrecha relación con nuestros ocho cuerpos. Si los cuidamos estarán ahí, fuertes y sanos para cuando los necesitemos. Tras nuestra muerte, nuestros cuerpos contendrán las cualidades que quisiéramos que persistieran.

Uno de mis estudiantes comentó: «Si tengo ocho cuerpos, ¡tendré que ducharme ocho veces, una por cada cuerpo!» Pero si vemos la interconexión entre los ocho cuerpos, veremos que solo necesitamos ducharnos una vez con toda conciencia, y así ahorraremos mucha agua.

Es maravilloso contar con tantos cuerpos. Pero no te fíes de mis palabras, investiga tú mismo y compruébalo.

Primer cuerpo: el cuerpo humano

Gracias a nuestro cuerpo humano podemos sentir, podemos sanar y podemos transformarnos. Podemos experimentar la vida en todas sus maravillas. Podemos ofrecer nuestra ayuda para cuidar de un ser amado. Podemos reconciliarnos con un miembro de nuestra familia. Podemos defender a otros. Podemos contemplar algo bello. Podemos oír el canto de los pájaros y la voz de la marea creciente. Y podemos actuar con el fin de hacer que el mundo sea un lugar más sano, pacífico y compasivo. Gracias a nuestro cuerpo, todo es posible.

Y, sin embargo, la mayor parte del tiempo se nos olvida totalmente que tenemos un cuerpo. El cuerpo está ahí, pero la mente está en otro lugar, no en el cuerpo. La mente se aliena del cuerpo. Se va hacia nuestros proyectos, preocupaciones y miedos. Podemos trabajar durante horas ante el ordenador y olvidar completamente el cuerpo, hasta que sentimos algún dolor. Pero ¿podemos afirmar que de verdad estamos viviendo la vida, si olvidamos que tenemos un cuerpo? Si la mente no acompaña al cuerpo, no podemos decir que estemos plenamente presentes. No podemos decir que estemos verdaderamente vivos.

Respiras con plena conciencia y disfrutas,
simplemente, de inspirar y espirar.
Reincorporas la mente al cuerpo y ves que
estás vivo, aún vivo, y que es maravilloso.
Estar vivo es el mayor de los milagros.

La mayoría de personas aún necesitamos aprender cómo cuidar de este cuerpo físico. Necesitamos aprender a relajarnos y a dormir. Necesitamos aprender cómo comer y consumir de forma que el cuerpo se mantenga sano, ligero y relajado. Si escuchamos con atención, podemos oír a nuestro cuerpo diciéndonos todo el tiempo qué es lo que necesita y qué es lo que no necesita. Aunque su voz es clara, parece que hemos perdido la capacidad de escucharla. Hemos forzado los límites del cuerpo y la tensión y el dolor se han acumulado. Hemos desatendido el cuerpo durante tanto tiempo que se siente solo. Nuestro cuerpo posee su propia sabiduría, y necesitamos darnos una oportunidad para oírlo.

Quizás en este mismo momento puedas hacer una pausa y reconectarte con el cuerpo. Lleva la atención a la respiración y reconoce la presencia de todo tu cuerpo. Quizá quieras decirte: «Querido cuerpo, sé que estás ahí». Regresar a tu cuerpo de esta manera permite que se alivie poco a poco algo de tensión. Este es un acto de reconciliación: es un acto de amor.

Nuestro cuerpo es una obra maestra del universo. Nuestro cuerpo contiene las estrellas, la luna, el universo y la presencia de todos nuestros ancestros. ¿Cuántos miles de millones de años de evolución se han necesitado para hacer aparecer este asombroso par de ojos, piernas, pies y manos? En este preciso instante, hay innumerables formas de vida dando apoyo a nuestra existencia. Para reconectar con nuestro cuerpo físico solo precisamos de unos breves momentos de pausa y respiración consciente. Todos disponemos de tiempo para hacerlo y, sin embargo, no lo hacemos. Es curioso que estemos tan asustados de lo que pueda ocurrirle al cuerpo físico al morir y, sin embargo, no lo disfrutemos plenamente mientras vivimos.

*Debemos aprender a vivir profundamente
como seres humanos. Necesitamos vivir
cada respiración hondamente a fin de tener
paz, alegría y libertad al respirar.*

Ver claramente que nuestro cuerpo físico es un asombroso milagro de la vida, un regalo del universo, es un destello de visión profunda. Una vez que lo hemos experimentado, debemos mantenerlo. Si no lo hacemos, la agitación y la inquietud se adueñarán de nosotros y olvidaremos ese destello. Ya no acariciaremos el milagro de estar vivos. Así que necesitamos mantener y nutrir esa visión en cada instante. Se requiere concentración, pero no es algo difícil de hacer. Mientras caminamos, mientras trabajamos, mientras comemos, ponemos la atención en este cuerpo humano, disfrutando de la sensación de la posición corporal, de los movimientos, del milagro de estar vivos.

Pero no debemos quedar atrapados en la idea de que este cuerpo es nuestro yo. Nuestro cuerpo se compone en su totalidad de elementos no-cuerpo, que incluyen los cuatro elementos principales: tierra, agua, fuego y aire. Contemplar estos elementos nos permite ver la profunda conexión entre el interior y el exterior del cuerpo. No podemos trazar una frontera entre ambos. Los cuatro elementos de nuestro interior están unidos con los cuatro elementos del exterior. Hay un intercambio incesante de lo que entra y sale. En este momento estamos recibiendo y desprendiendo agua, calor y respiración; podemos ver cómo la tierra alimenta y recibe innumerables células y átomos de nuestro cuerpo. Cuando estamos enfermos o a punto de morir, esta contemplación puede ayudarnos en gran medida. Pero no necesitamos esperar hasta entonces para practicarla. No regresamos a la tierra únicamente en el momento en que nuestro cuerpo se desintegra. Estamos regresando a la tierra y siendo renovados por ella a cada instante.

Segundo cuerpo: el cuerpo de buda

Tener un cuerpo humano significa que también tienes un cuerpo de buda. La palabra «buda» designa a aquella persona que ha despertado y trabaja por el despertar de los demás. «Cuerpo de buda» es tan solo una forma abreviada de describir nuestra capacidad de estar despiertos y plenamente presentes, de ser comprensivos, compasivos y amorosos. No necesitas conocer ni emplear la palabra «buda» para tener un cuerpo de buda. No necesitas creer en nada, ni siquiera en Buda: el buda Shakyamuni no era un dios, era un ser humano con un cuerpo humano, y vivió de forma tal que su cuerpo de buda pudo crecer.

Todo ser humano puede convertirse en un buda. Esa es una buena noticia. Todos tenemos semillas de plena conciencia, amor, comprensión y compasión. Que estas buenas semillas tengan una oportunidad de crecer depende de nuestro entorno y de nuestras experiencias. No dudes de que tienes un cuerpo de buda. En el pasado, hubo ocasiones en las que tuviste la capacidad de comprender, de perdonar y de amar. Estas son las semillas de tu cuerpo de buda. Tienes que dar una oportunidad al buda que hay en ti.

No se requiere ningún esfuerzo especial para permitir que el buda en ti crezca. Si despiertas a la belleza de la naturaleza, ya eres un buda. Y si sabes cómo preservar ese espíritu despierto todo el día, serás un buda a tiempo completo.

No es tan difícil ser un buda. Basta con que mantengas ese despertar durante todo el día. Todos somos capaces de beber el té en plena conciencia. Todos podemos respirar, caminar, ducharnos y comer en plena conciencia. Todos podemos lavar los platos en plena conciencia. Todos podemos hablar y escuchar con compasión. Cuanto más riegues tus semillas de plena conciencia, concentración, visión profunda y amor, más crecerá tu cuerpo de buda y más crecerán tu felicidad y tu libertad. Cualquiera que sea nuestro medio de vida o profesión —maestro, artista, trabajador social o empresario—, todos podemos participar en la obra de un buda, ayudando a alimentar la iluminación y el despertar y generando un cambio positivo en el mundo. Cuando podamos estar plenamente presentes y experimentar las maravillas de la vida que tienen el poder de sanarnos y nutrirnos, seremos lo bastante fuertes para ayudar a otros a sufrir menos. Alguien que aún no ha despertado no puede ayudar a otra persona a despertar. Un no-buda no puede dar paso a otro buda.

Ser un buda, despertar, supone también despertar al sufrimiento en el mundo y descubrir vías para aportar alivio y transformación. Esto requiere una inmensa fuente de energía. Tu firme aspiración, tu mente de amor es esa inmensa fuente de energía que te ayuda a despertar a las nutritivas y sanadoras bellezas de la naturaleza y al sufrimiento del mundo. Te proporciona una gran energía para ayudar. Esa es la profesión de un buda. Y si tienes en ti esa fuente de fuerza, si tienes la mente de amor, eres un buda en acción.

Tercer cuerpo: el cuerpo de práctica espiritual

Nuestro cuerpo de práctica espiritual brota de nuestro cuerpo de buda. La práctica espiritual es el arte de conocer la forma de generar felicidad y manejar el sufrimiento, al igual que un jardinero conoce la forma de hacer un buen uso del lodo para cultivar flores de loto. La práctica espiritual es lo que nos ayuda a superar momentos exigentes y difíciles. Es el arte de detenerse y contemplar con profundidad para adquirir una visión más honda. Es algo muy concreto. Cultivamos un cuerpo de práctica espiritual —al que podemos también llamar nuestro cuerpo del Dharma— cultivando las semillas de despertar y de plena conciencia en la vida diaria. Cuanto más sólido se haga nuestro cuerpo espiritual, más felices seremos, y más capaces seremos de ayudar a los que nos rodean a ser más felices y sufrir menos. Todos necesitamos una dimensión espiritual en la vida.

Cada uno de nosotros es responsable de desarrollar cada día un sólido cuerpo de práctica espiritual. Cada vez que das un paso consciente y pacífico, cada vez que respiras de forma consciente, tu práctica espiritual crece. Cada vez que abrazas una emoción fuerte con plena conciencia y recuperas tu claridad y calma, tu práctica espiritual crece. Entonces, en los momentos difíciles, tu cuerpo de práctica espiritual estará presente justo cuando lo necesites. Estará contigo en el aeropuerto, en el supermercado, en el trabajo.

Te pueden robar el teléfono, el ordenador
o el dinero, pero nunca podrán robarte
la práctica espiritual. Siempre estará ahí
para protegerte y nutrirte.

En tiempos de Buda había un monje llamado Vaikali, que había sido uno de los asistentes de Buda. Ocurrió que Vaikali se apegó excesivamente a Buda. Cuando Buda se dio cuenta de ello, impidió que Vaikali volviera a ser su asistente. Esto fue muy doloroso para Vaikali, y le hizo sufrir enormemente. Incluso intentó quitarse la vida. Vaikali se había apegado al cuerpo humano de Buda, pero gracias a la práctica y a las enseñanzas pudo crecer y transformarse, y profundizar su comprensión de lo que es el verdadero amor.

Un día, mientras Buda estaba en Rajagriha, la capital de un antiguo reino del noroeste de la India, le llegó la noticia de que Vaikali estaba muy enfermo, a punto de morir. En aquella época, el propio Buda estaba aproximándose a su propia muerte. Pero así y todo descendió del Pico del Buitre, en donde estaba, y fue a visitar a Vaikali, que se alojaba en casa de un alfarero. Buda quería hablar con Vaikali para comprobar si se había liberado y estaba preparado para abandonar su cuerpo sin miedo. Así que le preguntó: «Querido amigo, ¿hay algo que lamentes?»

«No, querido maestro, no lamento nada —respondió Vaikali—, salvo una sola cosa: estoy tan enfermo que ya no podré ascender la montaña para contemplarte sentado sobre el Pico del Buitre.» Existía aún algo de apego.

«¡Vaikali! —exclamó Buda—. Ya tienes mi cuerpo del Dharma. No necesitas mi cuerpo humano.» Aquello que hemos aprendido de nuestros maestros y maestras es mucho más importante que su presencia física. Nuestros maestros y maestras nos han transmitido el fruto de toda su sabiduría y experiencia. Buda intentaba decir a Vaikali que debería buscar a su maestro interior, no al maestro exterior. Nuestros maestros están dentro de nosotros. ¿Qué más podemos desear?

Puede que mi cuerpo físico no dure mucho, pero sé que mi cuerpo de práctica espiritual, mi cuerpo del Dharma, es lo suficientemente sólido para que perviva largo tiempo. Me ha ayudado a superar muchas situaciones. Si no fuera por mi cuerpo del Dharma, si no fuera por mi práctica de la plena conciencia, nunca habría sido capaz de superar las enormes dificultades, el dolor y la desesperación a las que me he enfrentado en la vida. He padecido guerras y violencia; mi país fue dividido, mi sociedad y mi comunidad budista fueron obligadas a separarse y sufrimos una gran discriminación, odio y desesperanza. Es gracias a mi cuerpo del Dharma que he podido sobrevivir. Y no solo sobrevivir, sino superar todas esas dificultades, crecer y transformarme gracias a ellas.

Hago todo lo que puedo por transmitir toda mi experiencia de práctica a mis estudiantes. Mi cuerpo del Dharma

es el mejor regalo que puedo ofrecer. Es el cuerpo de todas
la prácticas espirituales y de profunda visión que me han
proporcionado sanación, transformación, felicidad y libertad. Confío en que todos mis amigos y estudiantes recibirán
mi cuerpo de práctica espiritual y seguirán alimentándolo
por el bien de las generaciones futuras. Necesitamos practicar bien, seguir ayudando a acrecentar nuestro cuerpo de
práctica espiritual y hacer que se adecue más y más a nuestros tiempos.

Cuarto cuerpo: el cuerpo de la comunidad

En 1966 me exiliaron de Vietnam porque me había atrevido a venir a Occidente a pedir la paz. Me sentí como una
abeja expulsada de su colmena, como una célula súbita-
mente separada del cuerpo. Estaba aislado de mis amigos y
colegas de Vietnam, que hacían todo lo posible por proseguir sin mí con el trabajo social y con programas educativos
de suma importancia. Fueron tiempos difíciles, dolorosos.
Pero la práctica de la plena conciencia me ayudó a sanar y
comencé a descubrir vías para construir una comunidad
fuera de Vietnam.

Cuando un año más tarde me encontré con Martin
Luther King Jr. por última vez, hablamos de nuestro sueño
común de construir una comunidad. Él la denominaba «la
amada comunidad». Una amada comunidad es una comunidad de personas que comparten una aspiración y desean

apoyarse mutuamente para llevarla a cabo. Si queremos que nuestro camino espiritual crezca, necesitamos una comunidad de amigos espirituales que nos apoyen y nos nutran. A cambio, nosotros apoyamos y nutrimos a nuestros amigos espirituales, como células de un mismo cuerpo. Solos, sin una comunidad, no podemos llegar muy lejos. Necesitamos una comunidad de amigos con ideas afines que nos ayuden a realizar nuestros sueños más preciados.

No solo es posible transformar nuestro hogar en una comunidad amada; podemos también transformar nuestro lugar de trabajo, la escuela, la empresa, el hospital, en una amada comunidad, en una familia en la que haya amor, comprensión y comunicación verdaderas.

Empezamos con unos pocos compañeros que compartan las mismas aspiraciones: ese es nuestro punto de partida. Cuatro personas bastan. Cinco es mejor. Y más de cinco es excelente.

Los elementos esenciales de una amada comunidad son el amor, la confianza, la alegría, la armonía y la fraternidad. Si podemos generar comprensión y compasión por nuestra forma de ser y trabajar juntos, toda persona con la que interactuemos sentirá al momento esta energía y podrá beneficiarse de ella. Podemos crear momentos de escucha profunda para compartir visiones y dificultades, o un momento de relajación en torno a una taza de té y algo de comer, y así tomarnos un tiempo de estar, sencillamente presentes unos para otros. Nuestra comunidad puede convertirse en una fuente de apoyo y un lugar de refugio para muchas personas. Nutrimos nuestra comunidad durante nuestra vida, y ella será nuestra prolongación hacia el futuro.

Quinto cuerpo: el cuerpo exterior al cuerpo

Cada persona puede estar presente en muchos lugares del mundo. Podemos estar aquí y, al mismo tiempo, en una cárcel. Podemos estar aquí y en un país lejano donde los niños sufren de malnutrición. No necesitamos estar presentes en cuerpo físico. Cuando publico un libro, me transformo en miles de yoes que se dispersan por todas partes. Cada libro se convierte en mi cuerpo fuera de mi cuerpo.

Puedo entrar en una casa en forma de una de mis caligrafías. Puedo ir a una cárcel en forma de DVD.

En una ocasión, mientras enseñaba en Madrid, una mujer sudamericana me habló de una clínica de salud mental que hacía sonar por megafonía una campana de plena conciencia. Una campana de plena conciencia es aquella que nos recuerda parar y regresar a nosotros mismos. Cada vez que el personal médico, el de enfermería y los pacientes oían la campana, dejaban lo que estuvieran haciendo, regresaban a sí mismos, se relajaban y disfrutaban de respirar conscientemente. La clínica también había programado los ordenadores y los teléfonos para que en ellos sonara una campana. Esta mujer contó que esto había tenido un efecto muy positivo, calmante, sobre todos los profesionales de la salud y los pacientes. A menudo he mencionado que es posible crear momentos de pausa, de calma y verdadera presencia en los entornos donde se atiende la salud mental, pero nunca he estado en esa clínica y tampoco han estado allí nuestros maestros del Dharma. ¿Cómo es posible que ninguno de nosotros haya estado allí y, sin embargo, practiquen el parar con la campana de la misma forma en la que lo hacemos en nuestros centros de práctica de plena conciencia? Nuestra presencia, nuestras prácticas y acciones son de naturaleza no local. Yo no soy meramente estos kilos de carne y huesos.

En muchas prisiones en Estados Unidos y en Gran Bretaña hay internos que practican la meditación sentada y caminando. Han aprendido a respirar, a caminar y a hablar con amabilidad y compasión. Estos prisioneros son también yo mismo. Son mi cuerpo, porque han leído mis libros; practican lo que han leído y son mi continuación. Son mi cuerpo fuera de mi cuerpo.

Un prisionero tenía un ejemplar del manual que escribí como guía para los monjes y las monjas novicios, y después de leerlo quiso convertirse en novicio. Viendo que nadie podría ordenarlo jamás, él mismo se rasuró la cabeza y se transmitió a sí mismo los preceptos que un maestro suele transmitir a un discípulo. Luego, practicó en su celda como lo haría un monje novicio. Cuando oigo estas historias, sé que estoy en todas partes, que mi cuerpo de comunidad está en todas partes. Nuestro cuerpo es no local. Ese prisionero que practica la marcha consciente es nosotros mismos. Nuestro cuerpo no está solo aquí: también está allá. Estamos presentes en todas partes al mismo tiempo.

Ocurre lo mismo entre padres e hijos, madres e hijas. Cuando un padre mira a su hijo con los ojos del no-signo, ve que su hijo es también él mismo. Él es el padre, pero es también el hijo. Cuando un padre mira de esta forma, puede ver su propio cuerpo en el exterior de su cuerpo. Cuando un hijo mira a su padre y se ve a sí mismo en su padre, ve su propio cuerpo fuera de su cuerpo. Al mirar a nuestros hijos o nietos, nos vemos a nosotros mismos y empezamos a ver el cuerpo exterior a nuestro cuerpo.

Sexto cuerpo: el cuerpo de continuación

Generamos energía a lo largo de toda nuestra vida. Decimos y hacemos cosas y cada pensamiento, cada palabra y cada acto lleva nuestra firma. Lo que producimos en forma de pensamientos, palabras y acciones continúa teniendo una influencia en el mundo: ese es nuestro cuerpo de continuación. Nuestros actos nos prolongan en el futuro. Somos como estrellas cuya luz sigue propagándose a través del universo millones de años después de su extinción.

Cuando generas un pensamiento de odio, ira o desesperación, ese acto te produce daño a ti mismo y a todo el planeta. Nadie quiere una continuación semejante. Todos preferimos generar pensamientos de compasión, comprensión y amor. Si eres capaz de generar un pensamiento de compasión y comprensión, te sanas y nutres a ti mismo y sanas y nutres al mundo entero. Así como una nube ácida produce lluvia ácida, la energía de ira, miedo, culpa y discriminación producirá un entorno tóxico para nosotros y para los demás. Emplea tu tiempo de forma inteligente. En cada instante es posible pensar, decir o hacer algo que inspire esperanza, perdón y compasión. Puedes hacer algo para proteger a los demás y al mundo.

Debemos entrenarnos en el arte del pensamiento correcto a fin de producir cada día pensamientos positivos, nutritivos. Si albergas pensamientos negativos acerca de alguien del pasado, no es demasiado tarde para hacer algo. El momento presente contiene tanto el pasado como el futuro. Si hoy eres capaz de producir un pensamiento de compasión, de amor, de perdón, ese pensamiento positivo tiene el poder de transformar aquel pensamiento negativo de ayer y garantizar un futuro mejor.

Cada día podemos practicar el generar
pensamientos de compasión. Pensar es ya

una acción. Cada pensamiento compasivo
lleva nuestra firma. Es nuestra continuación.

Nuestras palabras son una energía que genera una reacción en cadena que va más allá de nuestra imaginación. Debemos aprender el arte de la comunicación a fin de que nuestras palabras puedan hacer brotar el amor, la reconciliación y la comprensión. Del mismo modo en que sentimos la amargura de pronunciar palabras duras y negativas, nos sentimos maravillosamente al decir algo lleno de comprensión y amor. Reconciliarse con alguien con quien nos enojamos, emplear el habla amorosa, es sanador para ambas partes. Inmediatamente nos sentimos más ligeros y en paz. Rétate. Practica la respiración consciente, una respiración profunda, y observa el sufrimiento que hay en ti y en esa otra persona. Entonces, toma la decisión de llamarla y durante uno o dos minutos genera habla correcta. Quizás hayamos estado esperando largo tiempo hacer algo así. Quizás esa persona estaba también esperándonos, incluso sin saberlo.

Quizás, en vez de llamar, puedas escribir un mensaje o un SMS lleno de comprensión y compasión. La sanación tiene lugar incluso antes de que lo envíes. Nunca es demasiado tarde para reconciliarte con el ser amado, incluso aunque esa persona haya fallecido ya. Aún puedes escribirle una carta expresando tu arrepentimiento y amor. Ese mero hecho aportará paz y sanación. Tus palabras pueden ser bellas piedras preciosas lanzadas a través del espacio y el tiempo para crear comprensión y amor mutuos.

También los actos corporales son nuestra continuación. Siempre que hacemos algo con el cuerpo físico encaminado a proteger, ayudar, salvar o inspirar a otra persona, ese hecho nos sana y nos nutre y también al mundo. Debemos preguntarnos: «¿En qué invierto mi energía física?» «¿Qué dejaré detrás de mí cuando se desintegre mi cuerpo?» «¿Qué puedo hacer hoy mismo para que mis sueños se hagan realidad?»

Volvamos a contemplar la nube en el cielo. Mientras la nube es aún nube, puede empezar ya a percibir su cuerpo de continuación en forma de lluvia, nieve o granizo. Supongamos que un tercio de la nube se ha convertido en lluvia y que los otros dos tercios están todavía en lo alto del cielo, contemplando felices cómo cae la lluvia sobre la tierra. La nube está contemplando su cuerpo de continuación. Ser una nube es hermoso, pero ser lluvia cayendo y convirtiéndose en un arroyo de agua cristalina es también hermoso. La nube disfruta contemplando desde el cielo, y viendo su cuerpo de continuación en forma de un fresco y claro arroyo serpenteando en el paisaje.

Cuando yo tenía ochenta años, una periodista me preguntó si había pensado en jubilarme como maestro espiritual. Sonreí y le expliqué que se enseña no solo a través de la palabra, sino también por la forma en que vivimos. Nuestra vida es la enseñanza. Nuestra vida es el mensaje. Y también le expliqué que mientras siga practicando conscientemente sentarme, caminar, comer e interactuar con mi comunidad y con todos los que me rodean, seguiré enseñando. Le dije que ya había comenzado a animar a mis estudiantes más experimentados para que empiecen a reemplazarme y que impartan sus propias charlas del Dharma. Muchos de ellos han dado maravillosas charlas del Dharma, y algunas son mejores que las mías. Cuando ellos enseñan, los veo como continuación de mí mismo.

Cuando miras a tu hija, a tu hijo o a tus nietos, puedes darte cuenta de que son tu continuación. Cuando un profesor contempla su aula, puede ver a sus alumnos como su continuación. Si son profesores felices, si poseen una gran cantidad de libertad, compasión y comprensión, sus alumnos serán también felices y se sentirán comprendidos. Cada uno de nosotros puede ver ya su propia continuación. Esto es algo que debemos recordar hacer todos los días. Cuando miro a mis amigos, a mis estudiantes y a los más de mil monjes y monjas que he ordenado, que practican la plena conciencia y guían retiros en todo el mundo, veo mi cuerpo de continuación.

Aunque seamos muy jóvenes, ya tenemos un cuerpo de continuación. ¿Puedes verlo?

¿Puedes ver cómo continúas en tus padres, tus hermanas y hermanos, tus profesores y amigos? ¿Puedes ver el cuerpo de continuación de tus padres y de los seres que amas? No necesitamos envejecer o morir para ver nuestro cuerpo de continuación. No necesitamos esperar a la desintegración total del cuerpo para empezar a ver nuestro cuerpo de continuación, de la misma forma en que una nube no necesita haberse transformado completamente en lluvia para ver su cuerpo de continuación. ¿Puedes ver tu lluvia, tu río, tu océano?

Cada uno de nosotros debería entrenarse para ver su cuerpo de continuación en el momento presente. Si podemos ver nuestro cuerpo de continuación mientras aún estamos vivos, sabremos cómo cultivarlo para asegurarnos una continuación bella en el futuro. Este es el verdadero arte de vivir. Entonces, cuando llegue el momento de la disolución de este cuerpo físico, podremos abandonarlo fácilmente.

A veces comparo mi cuerpo con el agua que ponemos a hervir y que se convierte finalmente en vapor. Cuando mi cuerpo se desintegre, quizá digas: «Thich Nhat Hanh ha muerto». Pero esa no es la verdad. Nunca moriré.

Mi naturaleza es la naturaleza de la nube: la naturaleza de no-nacimiento y de no-muerte. Al igual que es imposible que una nube muera, es imposible que yo muera. Disfruto de contemplar mi cuerpo de continuación, al igual que la nube disfruta de contemplar la lluvia caer y convertirse en un lejano río allá abajo. Si te observas con atención, verás que tú también eres mi continuación de alguna manera. Si al inspirar y espirar encuentras paz, felicidad y plenitud, sabrás que estoy aún contigo, con independencia de que mi cuerpo físico esté en vida o no. Continúo en mis numerosos amigos, estudiantes y discípulos monásticos. Continúo en las incontables personas en todo el mundo que nunca he conocido pero que han leído mis libros, han escuchado alguna de mis charlas o han practicado la plena conciencia en una comunidad local o en alguno de nuestros centros de práctica. Si sabes mirar con los ojos del no-signo, podrás verme más allá de este cuerpo.

Por lo tanto, la respuesta más breve a la pregunta «¿Qué ocurre cuando muero?» es que no mueres. Y esa es la verdad, porque cuando comprendes la naturaleza de una persona a punto de morir y comprendes la naturaleza del acto de morir, ves que no existe ya eso llamado muerte. No hay ningún yo que muera. Solo hay transformación.

Séptimo cuerpo: el cuerpo cósmico

Nuestro cuerpo cósmico engloba todo el mundo de los fenómenos. La maravilla que es este cuerpo humano se desintegrará un día, pero somos mucho más que este cuerpo humano. Somos también el cosmos, que es el fundamento de nuestro cuerpo. Este cuerpo no podría existir sin el universo. Gracias a la visión profunda del interser, podemos ver que en nosotros hay nubes. Hay montañas y ríos, campos y árboles. Hay luz del sol. Somos hijos de la luz. Somos hijas e hijos del Sol y de las estrellas. Todo el cosmos está concurriendo en este preciso instante para sustentar nuestro cuerpo. Este pequeño cuerpo humano contiene el ámbito completo de la totalidad de los fenómenos.

Podemos visualizar este cuerpo humano como una ola, y nuestro cuerpo cósmico como todas las demás olas del mar. Podemos vernos a nosotros mismos en todas las demás olas y ver a todas las demás olas en nosotros. No necesitamos buscar nuestro cuerpo cósmico fuera de nosotros. Está justo aquí, en nuestro interior, en este preciso momento. Estamos hechos de polvo de estrellas. Somos hijas e hijos de la Tierra, hechos de los mismos elementos y minerales. Contenemos montañas, ríos, estrellas y agujeros negros. En cada momento de nuestra vida, el cosmos nos atraviesa, nos renueva, y nosotros mismos estamos regresando al cosmos. Respiramos la atmósfera, tomamos el alimento de la tierra, creamos nuevas ideas y experimentamos nuevas sensaciones. Y estamos emitiendo energía al universo en forma de pensamientos, habla y acción, en nuestra espiración, en el calor de nuestro cuerpo, al excretar todo lo que hemos consumido y digerido. En este mismo instante, innumerables elementos de nuestro cuerpo están regresando a la tierra. No regresamos a la tierra y al universo únicamente cuando el cuerpo se desintegra.

*Ya estamos dentro de la tierra,
y la tierra está dentro de nosotros.*

Este cuerpo humano es una obra maestra del universo, y cuando lo amamos, respetamos y cuidamos estamos amando, respetando y cuidando nuestro cuerpo cósmico. Si vivimos de forma que cuidemos de nuestro cuerpo, estaremos cuidando de nuestros ancestros y estaremos cuidando de nuestro cuerpo cósmico.

Octavo cuerpo: el cuerpo último

Nuestro octavo cuerpo es el más profundo nivel cósmico: la naturaleza de la realidad en sí, más allá de toda percepción, forma, signo o idea. Este es nuestro cuerpo de «verdadera naturaleza cósmica». Cuando experimentamos todo lo que existe —una ola, la luz del sol, los bosques, el aire, el agua o las estrellas—, percibimos el mundo fenoménico de apariencias y signos. En este nivel de verdad relativa, todo está sometido al cambio. Todo está sujeto a nacimiento y muerte, a ser y no-ser. Pero cuando experimentamos ese mundo fenoménico con suficiente profundidad trascendemos las apariencias y los signos para alcanzar la verdad última, la verdadera naturaleza del cosmos, que no puede ser descrita con nociones, palabras o signos como «nacimiento» y «muerte», o «venir» y «partir».

Somos una ola que surge sobre la superficie del mar. El cuerpo de la ola no dura mucho, quizá tan solo diez o veinte segundos. La ola está sujeta a un comienzo y un fin, a ascender y descender. La ola puede quedar atrapada en la idea de que «ahora estoy aquí, pero más tarde ya no estaré aquí». Y la ola puede sentir miedo o incluso ira. Pero la ola tiene también su cuerpo de mar. Nace del mar y regresará a él. Ella cuenta con su cuerpo de ola y su cuerpo de mar. No es meramente una ola: también es mar. La ola no necesita buscar un cuerpo de mar separado de ella; en este instante ella es tanto el cuerpo de ola como el cuerpo de mar. Tan pronto como la ola es capaz de regresar a sí misma y experimentar su naturaleza verdadera, que es el agua, desaparecerá todo miedo y ansiedad.

El nivel más profundo de la conciencia, llamado «depósito de conciencia», tiene la capacidad de tocar directamente la dimensión última: el ámbito de la realidad en sí misma. Aunque nuestra conciencia mental puede no ser capaz de hacerlo justo ahora, el depósito de conciencia está tocando la verdadera naturaleza cósmica en este mismo momento.

Tocar tu cuerpo cósmico es como si dejaras de ser un bloque de hielo que flota en el océano y te convirtieras en agua. Mediante la respiración consciente y una profunda conciencia de nuestro cuerpo, somos capaces de abandonar la zona de cogitación, discriminación y análisis y entrar en el ámbito de interser.

Todo inter-es

Existe una profunda conexión entre todos nuestros cuerpos. Nuestro cuerpo físico, el cuerpo de buda, el cuerpo de práctica espiritual, el cuerpo exterior al cuerpo, el cuerpo de continuación y el cuerpo cósmico inter-son. Nuestro cuerpo humano contiene el cuerpo cósmico y la verdadera naturaleza cósmica; la realidad en sí misma, más allá de toda palabra, etiqueta y percepción. Nuestro cuerpo cósmico es el universo, la creación, la obra maestra de Dios. Contemplando el cosmos en profundidad, vemos su verdadera naturaleza. Y podemos decir que la verdadera naturaleza del cosmos es Dios. Contemplando la creación en profundidad, vemos al creador.

Al principio parece que las cosas existieran externamente unas de otras. El Sol no es la Luna. Esta galaxia no es aquella galaxia. Tú estás fuera de mí. Los padres están fuera de los hijos. Pero, al mirar atentamente, vemos que todo está entretejido. No podemos extraer la lluvia de las flores, ni el oxígeno del árbol. No podemos extraer al padre del hijo o al hijo del padre. No podemos extraer nada de ninguna otra cosa. Somos las montañas y los ríos; somos el Sol y las estrellas. Todo inter-es. Esto es lo que el físico David Bohm llamó «orden implicado». Al principio solo vemos el «orden explicado», pero en cuanto vemos que ninguna cosa existe exteriormente a las demás tocamos el más profundo nivel cósmico. Nos damos cuenta de que no podemos separar el agua de la ola, no podemos separar la ola del agua. Así como la ola es el agua misma, así nosotros *somos* la dimensión última.

Muchos creen todavía que Dios existe de forma separada del universo, su creación. Pero no puedes extraer a Dios de ti; no puedes extraer la dimensión última de ti. El nirvana está ahí, en tu interior.

Si queremos tocar la dimensión última,
debemos buscarla dentro de nuestro cuerpo,
no en el exterior.

Contemplando con profundidad el cuerpo desde el interior, podemos experimentar la realidad en sí. Si tu plena conciencia y tu concentración son profundas cuando meditas caminando en la naturaleza, o cuando contemplas una bella puesta de sol o tu propio cuerpo humano, puedes experimentar la verdadera naturaleza del cosmos.

Cuando practicamos la plena conciencia, podemos obtener algún tipo de alivio. Pero el mayor alivio de todos, la mayor paz, proviene de ser capaces de tocar nuestra naturaleza de no-nacimiento y no-muerte. Esto es factible, es posible. Y nos proporciona una gran libertad. Si estamos en contacto con nuestro cuerpo cósmico, nuestro cuerpo divino, nuestro cuerpo de nirvana, ya no temeremos morir. Esta es la esencia de la enseñanza y la práctica de Buda. Hay personas que son capaces de morir felices, en paz, porque han experimentado esta profunda visión.

Práctica: contemplar la vida ilimitada

Es posible vivir tu vida diaria de tal forma que seas consciente de todos tus variados cuerpos y te sientas en contacto con ellos cada día. Serás capaz de ver tu continuación en el tiempo y el espacio, y darte cuenta de que tu vida no tiene límites. Este cuerpo físico, que un día se desintegrará, es solo una pequeña parte de quien eres.

Quizá quieras tomarte un momento para contemplar el texto siguiente. Es una invitación a ver que eres vida sin fronteras; eres vida ilimitada. Puedes leer este texto despacio, dejando que cada línea caiga como una suave lluvia en la tierra de tu conciencia.

Veo que este cuerpo, hecho de los cuatro elementos, no es mi verdadero yo, no estoy limitado por este cuerpo.
Soy la totalidad del río de vida, de ancestros biológicos y espirituales, que ha fluido sin cesar durante miles de años y seguirá fluyendo durante miles de años en el futuro.
Soy uno con mis ancestros y mis descendientes. Soy vida que se manifiesta bajo incontables formas. Soy uno con todas las personas y todas las especies, las que viven en paz y alegría, las que sufren y temen. En este mismo instante, estoy presente en todas partes en este planeta.
Estuve presente en el pasado y lo estaré en el futuro. La desintegración de este cuerpo no me afecta; soy como el ciruelo, que no muere cuando pierde sus flores.
Veo que soy una ola en la superficie del mar. Me veo en todas las demás olas, y veo a todas las demás olas en mí. La manifestación o la desaparición de la ola no disminuye la presencia del mar.

Mi cuerpo del Dharma y mi vida espiritual
no están sujetos a nacer o a morir.
Puedo ver mi presencia antes de la
manifestación de este cuerpo y después de
que se desintegre.
Puedo ver mi presencia fuera de este cuerpo,
incluso en este momento.
La duración de mi vida no es de ochenta o
noventa años. La duración de mi vida, como la
de una hoja o la de un buda, es
inconmensurable. Puedo trascender la idea de
que yo sea un cuerpo separado en el tiempo o
el espacio de todas las demás
manifestaciones de vida.

Meditación guiada: respirar con el cosmos

Inspirando, veo en mí el elemento tierra, el elemento aire. Veo nubes, nieve, lluvia y ríos en mí. Veo en mí la atmósfera, el viento y los bosques, veo en mí montañas y mares. Veo la tierra en mí.

Espirando, sonrío a la tierra en mí. Soy uno con la madre Tierra, el más bello planeta del sistema solar.

Madre Tierra en mí.
Sonrío al más bello planeta del sistema solar.

Inspirando, veo el elemento luz en mí. Estoy hecho de luz; estoy hecho de Sol. Veo esa estrella como una ilimitada fuente de vida, nutriéndonos a cada momento. El buda Shakyamuni era hijo del padre Sol; también lo soy yo.

Espirando, sonrío al Sol en mí. Soy el Sol, una estrella, una de las más bellas estrellas de toda la galaxia.

Soy hijo del Sol. Soy una estrella.

Inspirando, veo a todos mis antepasados en mí: antepasados minerales, antepasados vegetales, antepasados mamíferos y antepasados humanos. Mis antepasados están siempre presentes, vivos en cada célula de mi cuerpo, y yo contribuyo a su inmortalidad.

Espirando, sonrío a la nube en mi té. Una nube nunca muere. Una nube puede convertirse en nieve o lluvia, pero nunca en nada. Yo también contribuyo a la inmortalidad de la nube.

Soy mis antepasados.
Contribuyo a la inmortalidad de mis
antepasados.

Inspirando, veo en mí estrellas y galaxias. Soy conciencia manifestándose como universo. Estoy hecho de estrellas y galaxias.

Espirando, sonrío a las estrellas en mí. Contribuyo a la inmortalidad de las nubes, la lluvia, las estrellas y el universo.

Sonrío a las estrellas y a las galaxias en mí.
Contribuyo a la inmortalidad de estrellas
y del universo.

Inspirando, veo que nada se crea, nada se destruye; todo se transforma sin cesar. Veo la naturaleza de no-nacimiento y no-muerte de la materia y de la energía. Veo que nacimiento, muerte, ser y no-ser son tan solo ideas.

Espirando, sonrío a mi verdadera naturaleza de no-nacimiento y no-muerte. Estoy libre de ser y de no-ser. No hay muerte; no hay temor. Toco el nirvana, mi verdadera naturaleza de no-nacimiento y no-muerte.

Nada se crea. Nada se destruye.
Estoy libre de ser, estoy libre de no-ser.

3

Ausencia de objetivo

Descansar en Dios

Ya eres eso que quieres llegar a ser.
Eres una maravilla. Eres un milagro.

Un día, Buda recibió la visita de Rohitassa, una estridente deidad montada a caballo que se creía un héroe.

«Amado maestro —dijo—, ¿crees que es posible huir de este mundo de nacimiento y muerte, sufrimiento y discriminación, por medio de la velocidad?» Parece que los seres humanos han tenido desde siempre el deseo de viajar de prisa, de llegar rápido a todas partes. Incluso ahora, soñamos con construir máquinas que puedan desplazarse a la velocidad de la luz con la esperanza de poder visitar otras dimensiones. En tiempos de Buda no había aviones ni cohetes espaciales. Lo más rápido que se podía viajar era a lomos de un caballo.

Buda, con mucha amabilidad, le respondió: «No, Rohitassa, no es posible huir de este mundo viajando, aunque sea a gran velocidad».

«Estás en lo cierto —replicó Rohitassa—. En una vida anterior viajé extremadamente rápido, tan veloz como la luz. No comí, no dormí, no bebí. No hice nada más que viajar a gran velocidad, y así y todo no pude salir de este mundo. Al fin, morí antes de poder hacerlo. Así que estoy muy de acuerdo, es imposible.»

«Pero, amigo mío —continuó Buda—, existe un camino de salida. Solo necesitas buscar en tu interior. Observando detenidamente en el interior de tu propio cuerpo, de apenas metro ochenta de alto, puedes descubrir toda la inmensidad del universo. Puedes alcanzar tu verdadera naturaleza más allá del nacimiento y la muerte, del sufrimiento y la discriminación. No necesitas ir a ningún lugar.»

Muchos de nosotros no hemos dejado de correr durante toda la vida. Sentimos que necesitamos correr: hacia el futuro, lejos del pasado, salir del lugar donde estemos. En realidad, no necesitamos ir a ningún lugar. Solo necesitamos sentarnos y observar profundamente para descubrir que todo el universo se halla justo aquí, dentro de nosotros. Nuestro cuerpo es un milagro que contiene todo tipo de información. Comprendernos es comprender todo el universo.

La salida está dentro.

Mientras creamos que somos una entidad separada diferenciada del mundo que nos rodea, creeremos que podemos salir del mundo. Pero una vez que hemos visto que *somos* el mundo, que estamos totalmente hechos de elementos no-nosotros, nos damos cuenta de que no necesitamos perseguir nada fuera de nosotros. El mundo no puede salir del mundo. Ya somos todo lo que estamos buscando.

Descansar en Dios

Así como una ola no necesita ir en busca de agua, nosotros no necesitamos ir en busca de la dimensión última. La ola *es* el agua. Ya *eres* lo que quieres llegar a ser. Estás hecho de Sol, Luna y estrellas. Lo tienes todo en tu interior.

En el cristianismo existe la expresión «descansar en Dios». Cuando abandonamos toda búsqueda y empeño, es como si descansáramos en Dios. Nos asentamos firmemente en el momento presente; moramos en la dimensión última; descansamos sobre nuestro cuerpo cósmico. Morar en la dimensión última no precisa de fe o creencia alguna. Una ola no necesita *creer* que es agua. La ola ya es agua ahora mismo, aquí mismo.

Para mí, Dios no está fuera de nosotros, no es una realidad exterior. Dios está *dentro*. Dios no es una entidad exterior que debamos buscar, en la que debamos creer o no. Dios, el nirvana, la dimensión última, nos es inherente. El Reino de Dios está disponible a cada momento. La cuestión es si nosotros estamos disponibles para el Reino. Con plena conciencia, concentración y visión profunda, es posible tocar el nirvana, tocar nuestro cuerpo cósmico o el Reino de Dios con cada aliento, con cada paso.

Ausencia de objetivo: la tercera puerta de liberación

La concentración en la ausencia de objetivo significa llegar al momento presente para descubrir que este momento presente es el único en el que puedes encontrar todo lo que buscas, y que *ya eres* todo lo que quieres llegar a ser.

La ausencia de objetivo no significa no hacer nada. Significa no poner ante ti un objeto que perseguir. Cuando eliminamos nuestros objetos de deseo y anhelo, descubrimos que la felicidad y la libertad están a nuestro alcance aquí mismo, en el momento presente.

Tenemos el hábito de perseguir cosas, y este hábito nos ha sido transmitido por nuestros padres, por nuestros ancestros. No nos sentimos satisfechos aquí y ahora, así que perseguimos todo tipo de objetivos que creemos que nos harán más felices. Sacrificamos la vida en aras de alcanzar los objetos deseados o en un esfuerzo por tener éxito en el trabajo o los estudios. Perseguimos el sueño de nuestra vida, y en el camino nos perdemos a nosotros mismos. Llegamos incluso a perder la libertad y la felicidad en nuestro empeño por ser conscientes, por estar sanos, por aliviar el sufrimiento del mundo o por alcanzar el despertar. Hacemos caso omiso de las maravillas del momento presente porque creemos que el cielo y la dimensión última son para después, no para ahora.

Practicar la meditación significa tener tiempo para observar profundamente y darse cuenta de todo esto. Si te sientes inquieto en el aquí y el ahora, si te sientes incómodo, debes preguntarte: «¿Qué es lo que deseo?» «¿Qué es lo que busco?» «¿A qué estoy esperando?»

El arte de parar

Hemos estado corriendo durante miles de años. Por eso es muy difícil parar y encontrar la vida profundamente en el momento presente. Aprender a parar parece fácil, pero en realidad se requiere entrenamiento.

Recuerdo una mañana en la que contemplaba la montaña en la temprana luz del amanecer. Podía ver con claridad que no solo yo estaba contemplando aquella montaña: todos los antepasados en mí la estaban contemplando. Cuando el sol se elevó sobre el pico de la montaña, todos admiramos juntos su belleza. No había ningún lugar al que ir, nada que hacer. Éramos libres. Nos bastaba sentarnos allí y disfrutar del amanecer. Nuestros ancestros quizá nunca hayan tenido ocasión de sentarse en calma y paz y de disfrutar de ese modo del amanecer. Cuando podemos cesar de correr, todos nuestros ancestros pueden hacerlo simultáneamente. Con la energía de la plena conciencia y del despertar, podemos detenernos en nombre de todos los antepasados. No es solo un ser separado quien se detiene: lo hace todo un linaje.

En cuanto se para, hay felicidad. Hay paz.

Cuando nos detenemos de ese modo, parece que no está ocurriendo nada, pero de hecho está ocurriendo todo. Estás profundamente instalado en el momento presente, y tocas tu cuerpo cósmico. Tocas la eternidad. No hay ya inquietud alguna, no hay búsqueda alguna.

En Plum Village y en todos nuestros centros de práctica de plena conciencia en Estados Unidos, Europa y Asia practicamos el parar cada vez que oímos el sonido de una campana. Puede ser la gran campana del templo, el reloj dando la hora en el comedor, las campanas de las iglesias de los pueblos cercanos o, incluso, el sonido de un teléfono. En cuando oímos sonar una campana, dedicamos unos instantes a parar, relajarnos y respirar. Regresamos a nosotros mismos y al momento presente. Si estamos hablando, dejamos de hacerlo. Si estamos caminando, nos detenemos. Si estamos llevando algo, lo ponemos en el suelo. Regresamos a la respiración y llegamos a este cuerpo en el aquí y el ahora. Nos relajamos y tan solo disfrutamos del sonido de la campana.

Al escuchar la campana, entramos en una estrecha relación con el momento presente, que abraza un tiempo y un espacio ilimitados. El pasado y el futuro están justo aquí en el momento presente. Dios, el nirvana, el cuerpo cósmico están disponibles. Este momento se convierte en un momento eterno, pleno.

¿Dónde está tu padre, tu madre, tu abuelo o abuela? Justo aquí, en el momento presente. ¿Dónde están tus hijas e hijos, tus nietos y nietas, las generaciones futuras? ¿Dónde están Jesucristo y Buda? ¿Dónde están el amor y la compasión? Están aquí. No son realidades independientes de nuestra conciencia, de nuestra existencia, de nuestra vida. No son objetos de esperanza o búsqueda lejanos a nosotros. ¿Y dónde está el cielo, el Reino de Dios? También están justo aquí. Todo lo que buscamos, todo eso que queremos experimentar, debe ocurrir justo aquí, en el momento presente. El futuro es tan solo una idea, una noción abstracta.

Solo el momento presente es real.

Si seguimos aferrándonos a un sueño lejano en el tiempo, perdemos el momento presente. Y si perdemos el momento presente, lo perdemos todo. Perdemos la libertad, la paz, la alegría y la oportunidad de experimentar el Reino de Dios, de alcanzar el nirvana.

El Evangelio según san Mateo cuenta la historia de un labrador que descubre un tesoro oculto en un campo y regresa a casa para vender todas sus posesiones y poder así comprar aquel campo. Ese tesoro es el Reino de Dios, que se encuentra únicamente en el momento presente. Solo necesitas un instante de despertar para darte cuenta de que eso que buscas ya está aquí, en ti y en torno a ti. Al igual que el labrador, en cuanto descubrimos esto, podemos desprendernos fácilmente de todo lo demás para alcanzar la verdadera paz, felicidad y libertad en el momento presente. Merece la pena. Perder el momento presente es perder tu única oportunidad de hallar la vida.

El ciprés en el patio

Hay una historia zen sobre un estudiante que creía no haber recibido la esencia más profunda de las enseñanzas de su maestro, así que fue a buscarlo para interrogarlo. El maestro contestó: «De camino hacia aquí, ¿viste el ciprés en el patio?» Quizás el discípulo aún no había practicado mucho la plena conciencia. El maestro le estaba diciendo que, si de camino para ver al maestro, pasamos junto a un ciprés o un bello ciruelo en flor y no lo vemos, cuando estemos delante del maestro tampoco seremos capaces de verlo a él. No deberíamos dejar pasar ninguna oportunidad de ver el ciprés de verdad. Existen maravillas en la vida junto a las que caminamos todos los días y, sin embargo, no las hemos visto aún realmente. ¿Cuál es ese ciprés que está en tu camino diario cuando vas al trabajo? Si no eres capaz de ver siquiera ese árbol, ¿cómo puedes ser capaz de ver a los seres amados? ¿Cómo podrás ver a Dios?

Cada árbol, cada flor pertenece al Reino de Dios. Si esa flor de dalia no pertenece al Reino de Dios, ¿a qué lugar pertenece? Si queremos tener una relación con Dios, si queremos comprender a Dios, lo único que debemos hacer es contemplar el ciprés que está en nuestra senda.

La plena conciencia nos ayuda a llegar al momento presente para ver y oír las maravillas de la vida: ver y oír a Dios.

Si existe una crisis espiritual en el siglo XXI, es porque no hemos puesto a Dios en el sitio adecuado; esto es, dentro de nosotros y del mundo que nos rodea. ¿Puedes extraer a Dios del cosmos? ¿Puedes extraer el cosmos de Dios?

Somos un milagro y estamos rodeados de milagros. Tenemos a Dios, tenemos un cuerpo cósmico, lo tenemos todo en este mismo momento. Con esta profunda visión, con este despertar, nos sentimos ya felices, satisfechos y realizados.

Paraíso en la tierra

El mayor sueño de algunas personas es ir al paraíso o, si somos budistas, a la «Tierra Pura», después de morir. Creemos que esta vida es insuficiente, insatisfactoria, y que solo tras nuestra muerte podremos alcanzar el más profundo nivel de realización de la existencia. Sentimos la necesidad de desprendernos de este cuerpo para alcanzar la dimensión última de forma verdadera. Tenemos la sensación de que en el futuro encontraremos otro lugar mejor, más feliz, más perfecto, lejos de aquí.

Pero si esperamos a morir para alcanzar la felicidad puede que sea demasiado tarde. Podemos alcanzar todos los milagros de la vida y ese más allá último con nuestro cuerpo humano, aquí y ahora. Tu cuerpo es también un milagro. Es otra flor en el jardín de la humanidad y deberías tratarlo con el máximo respeto, ya que pertenece al Reino de Dios. Puedes alcanzar el Reino de Dios con tu cuerpo. Una inspiración consciente basta para percibir de repente el claro cielo azul, la fresca brisa, el sonido del viento en la copa de los pinos o la melodía de un riachuelo. No necesitamos morir para llegar al paraíso: ya estamos en el Reino de Dios.

Sé bello, sé tú mismo

Podemos ser capaces de ver las maravillas que nos rodean y, sin embargo, dudar de que nosotros seamos también una maravilla. Nos sentimos incompetentes. Anhelamos algo diferente, alguna otra cosa. Somos como una olla que vagara en busca de una tapa. Nos falta confianza en nosotros mismos y en nuestra capacidad de ser pacíficos, compasivos, de despertar. Sentimos que nos abruman las dificultades y vivimos día a día con el sentimiento de que nos falta algo. Debemos preguntarnos: «¿Qué me falta?» «¿Qué busco?»

La práctica de la ausencia de objetivo consiste en identificar aquello que buscas, eso que esperas o que persigues y abandonarlo. Al eliminar esos objetos de búsqueda que te alejan del aquí y el ahora, descubrirás que todo lo que deseas está ya justo aquí, en el momento presente. No necesitas llegar a «ser alguien» o hacer algo para ser libre y feliz. Si preguntas a la flor que se abre en la ladera de una montaña, o al árbol que se yergue majestuoso en el bosque: «¿Qué buscas?», ¿qué respuesta te darían? Si hay en ti algo de plena conciencia y concentración, escucharás su respuesta en tu corazón.

> Cada uno de nosotros tiene que ser su verdadero yo: fresco, sólido, relajado, amable y compasivo. Ser nuestro verdadero yo es provechoso para nosotros y para todos los que disfrutan de nuestra presencia.

Tú te bastas

Lin Chi, el renombrado maestro zen chino del siglo IX, dijo: «Seres humanos y budas no son dos». Y añadió: «No hay ninguna diferencia entre tú y Buda». Quería decir que te bastas. No necesitamos hacer algo especial para ser un buda y cultivar nuestro cuerpo de buda. Solo necesitamos llevar una vida sencilla, auténtica. Nuestra persona auténtica, nuestro verdadero yo, no necesita de un puesto o trabajo concreto. Nuestro verdadero yo no necesita dinero, fama o estatus. Nuestro verdadero yo no necesita hacer nada. Tan solo vivimos la vida profundamente en el momento presente. Cuando estamos comiendo, comemos; cuando estamos lavando los platos, tan solo lavamos los platos; cuando vamos al lavabo, tan solo disfrutamos de usar el lavabo; cuando estamos caminando, caminamos; cuando nos sentamos, solo nos sentamos. Hacer todas estas cosas es un milagro, y el arte de vivir consiste en hacerlas con libertad.

La libertad es una práctica y un hábito.
Debemos entrenarnos para caminar
como personas libres, sentarnos como
personas libres y comer como personas libres.
Debemos entrenarnos en cómo vivir.

Buda también comía, caminaba e iba al lavabo. Pero lo hacía con libertad, sin correr de una actividad a la siguiente. ¿Se puede vivir así? ¿Podemos emplear nuestro tiempo solo para vivir siendo fieles a nosotros mismos? Si aún buscamos o perseguimos algo más, algo diferente, aún no carecemos de objetivo. Aún no somos libres, aún no somos nuestro verdadero yo. Nuestro verdadero yo se encuentra ya en nosotros, y en cuanto somos capaces de verlo nos convertimos en personas libres. Hemos sido libres desde un tiempo sin principio, solo necesitamos poder verlo.

En una ocasión tuve la oportunidad de visitar las grutas budistas de Ajanta, en el estado indio de Maharashtra. Están excavadas en la pared rocosa de una montaña. Hay zonas habitables, con huecos excavados para que los monjes guardaran ahí sus cuencos de limosna y sus mantos *sanghati*. Aquel día hacía mucho calor, y me tumbé para disfrutar del agradable frescor de la cueva.

Para hacer las grutas no se contó con ningún material traído del exterior. Los templos se excavaron extrayendo tierra de la roca misma. Cuanta más piedra extraían, mayores eran las grutas. Experimentar nuestro verdadero yo, nuestra verdadera naturaleza, es así. Todo lo que creemos que necesitamos ir a buscar en el exterior está ya en nuestro interior. La bondad amorosa, la comprensión y la compasión se hallan dentro de nosotros. Solo necesitamos quitar alguna piedra que obstaculiza el paso para ponerlas al descubierto. No existe esencia sagrada alguna que debamos buscar fuera, y no existe esencia ordinaria alguna que haya que destruir. Ya somos eso que queremos llegar a ser. Incluso en los momentos más difíciles, todo lo que es bueno, verdadero y bello está ya presente en nuestro interior y a nuestro alrededor. Solo debemos vivir de forma tal que pueda salir a la luz.

Estar des-ocupados

El maestro Lin Chi exhortaba a sus discípulos a que estuvieran «des-ocupados», a que no estuvieran constantemente atareados, a que se libraran de estar siempre haciendo algo. Si podemos estar des-ocupados, podemos experimentar el espíritu del no-objetivo en la vida diaria, no ser arrastrados por nuestros deseos, planes y proyectos. No hacemos lo que hacemos para obtener alabanzas o una posición; no intentamos desempeñar un papel. Allá donde estemos, podemos ser dueños de nosotros mismos. El entorno no nos arrastra, no nos dejamos influir ni presionar por la gente.

Hagamos lo que hagamos, lo hacemos
con libertad y calma.

Para el maestro Lin Chi, la vida ideal no es llegar a ser un «arhat» iluminado o un «bodhisattva» dedicado a servir a todos los seres, sino ser una persona des-ocupada. Una persona des-ocupada ha realizado la sabiduría del vacío, la ausencia de signo y de objetivo. No está atrapada en la idea de un yo; no tiene necesidad alguna de los «signos» de fama o posición, y mora libre y feliz en el momento presente.

Estar des-ocupado es vivir la vida en contacto con la dimensión última. En la dimensión última, no hay nada que hacer. Ya somos eso que queremos llegar a ser. Estamos relajados, estamos en paz, ya no necesitamos correr. Estamos felices, libres de ansiedad y preocupaciones. Esa es la forma de ser que el mundo más necesita. Es muy agradable morar en la dimensión última, y deberíamos aprender a hacerlo.

«Pero —puedes alegar— si somos felices en el momento presente, sin nada que hacer y ningún lugar al que ir, ¿quién ayudará a los seres vivos a liberarse? ¿Quién rescatará a los que se ahogan en el océano de sufrimiento? ¿Nos lleva la ausencia de objetivo a ser indiferentes frente al sufrimiento del mundo? ¿No nos paraliza el querer ser libres y felices? ¿No nos lleva a evitar los retos y las dificultades que conlleva intentar ayudar a los demás?»

Buda no buscaba ya nada, no anhelaba nada, no se esforzaba por nada y, sin embargo, nunca dejó de ayudar a todos los seres a liberarse. Durante los cuarenta y cinco años que estuvo enseñando, siguió ayudando hasta el último instante de su vida a los demás a liberarse de su sufrimiento. No tener un objetivo no supone que no alberguemos compasión y bondad amorosa. En cuanto hay en nuestro corazón compasión, bondad amorosa y comprensión, brota de forma espontánea en nosotros una fuerte motivación para actuar y ayudar.

Lo esencial es aportar una calidad de ser diferente a las situaciones de sufrimiento del mundo. Si sufrimos exactamente como todo el mundo, ¿cómo podremos ayudar a alguien a sufrir menos? Si los médicos padecieran las mismas enfermedades que sus pacientes, ¿cómo podrían ayudarlos a sanar? Nuestra energía de paz, alegría, compasión y libertad es esencial. Debemos alimentar y proteger nuestra forma de ser. Todo lo que hagamos precisa tener una dimensión espiritual.

*Cuando nuestra vida y obra poseen una
dimensión espiritual podemos sostenernos,
cuidarnos y evitar quedar agotados.*

En la década de 1960, escribí el libro titulado *El milagro de la plena conciencia* como manual para los miles de jóvenes trabajadores sociales que estábamos formando en nuestra Escuela de Jóvenes para el Servicio Social, en Vietnam. La intención era ayudarlos a practicar para que pudieran permanecer sanos, concentrados y compasivos, a fin de que pudieran alimentar su aspiración y disfrutar de alegría y paz suficientes para proseguir su labor de servicio.

Es posible trabajar, servir y comprometerse como una persona libre sin perderse en la tarea. No desperdiciamos el momento presente por esforzarnos y luchar para conseguir un objetivo en el futuro: vivimos en profundidad cada momento de nuestro trabajo. Ese es el significado de la ausencia de objetivo. La paz, la libertad, la compasión y la bondad amorosa que irradiamos ya ayudan a los que nos rodean a sufrir menos. No permanecemos pasivos. Ser pasivo significa ser arrastrado, empujado y dominado por las circunstancias o por las personas de nuestro alrededor. Al contrario, nuestra libertad y dominio suponen que no nos convertimos en víctimas de las circunstancias. Con compasión y visión profunda, nos preguntamos: «En esta situación, ¿qué puedo hacer para impedir que todo vaya a peor? ¿Cómo puedo contribuir a mejorar la situación?» Cuando sabemos que estamos haciendo todo lo posible en el camino de aliviar el sufrimiento, es posible estar en paz a cada paso del camino.

Ser y hacer

Mi nombre, Nhat Hanh, significa «acción única». Pasé mucho tiempo intentando descubrir de qué acción se trataba. Un día descubrí que mi única acción es *ser* paz y dar paz a los demás.

Tendemos a pensar desde el hacer, no desde el ser. Creemos que cuando no estamos haciendo algo estamos perdiendo el tiempo, pero eso no es cierto. Nuestro tiempo es, ante todo, para *ser*. ¿Para ser qué? Para ser pacíficos, alegres, en paz, amorosos, para vivir. Y eso es lo que más se necesita en el mundo. Todos debemos entrenar nuestra forma de ser: es el fundamento de toda acción.

La calidad de nuestro ser determina
la calidad de nuestro hacer.

Algunos dicen: «No te quedes ahí sentado, ¡haz algo!» Cuando presenciamos injusticia, violencia y sufrimiento a nuestro alrededor, de forma espontánea intentamos hacer algo para ayudar. Cuando yo era un joven monje en Vietnam, en las décadas de los cincuenta y los sesenta, hice todo lo que pude, junto a mis amigos y estudiantes, para crear un budismo de base que pudiera responder a los enormes retos y sufrimientos de aquel tiempo. Sabíamos que ofrecer recitaciones y oraciones no bastaba para salvar al país de aquella desesperada situación de conflicto, división y guerra.

Empezamos a publicar un semanario budista de ámbito nacional, fundamos la Escuela de Jóvenes para el Servicio Social a fin de llevar alivio y apoyo a los poblados destruidos por la guerra, y también fundamos la Universidad Van Hanh en Saigón con la idea de ofrecer un planteamiento más actual en la educación de las generaciones más jóvenes. En el desarrollo de estas actividades aprendimos que la calidad de nuestra acción dependía de la calidad de nuestro ser. Por eso, cada semana organizábamos un día de plena conciencia en el cercano monasterio Bosque de Bambú. Allí practicábamos meditación sentada, caminando y comiendo juntos, y dedicábamos un tiempo a escuchar profundamente las alegrías y las dificultades de los demás. Gracias a aquella energía de fraternidad, creamos un lugar de refugio maravilloso y feliz.

Además de decir: «No te quedes ahí sentado, ¡haz algo!», también podemos decir: «No te quedes ahí haciendo algo, ¡siéntate!» Parar, estar en silencio y practicar la plena conciencia puede hacer brotar toda una nueva dimensión del ser. Podemos transformar la ira y la ansiedad, y cultivar la energía de paz, comprensión y compasión como fundamentos de nuestra acción. Las energías de sabiduría, compasión, inclusión, ausencia de miedo, paciencia y no-discriminación —no menospreciar nunca a nadie— son las cualidades de los seres despiertos. Cultivar estas energías nos ayuda a traer la dimensión última a la dimensión histórica a fin de que podamos llevar una vida de acción relajada y alegre, libre del miedo, el estrés y la desesperación. Podemos ser muy activos y hacerlo todo desde un estado de paz y alegría. Esa es la acción más necesaria. Cuando podemos llevarla a cabo, el trabajo que hagamos será de gran ayuda para nosotros y para el mundo.

La acción de la no-acción

En ocasiones, no hacer algo es lo mejor que podemos hacer. La no-acción ya es un acto. Hay personas que no parecen hacer gran cosa, pero su mera presencia es crucial para el bienestar del mundo. Puede que en nuestra familia haya alguien que no gane mucho dinero, y quizá pensemos que no es una persona muy activa, pero si no estuviera ahí la familia sería mucho menos estable y feliz, porque esa persona aporta la calidad de su ser, su no-acción.

Imagina un bote de refugiados desesperados que cruzan el mar. El bote es alcanzado por una tormenta y el pánico se apodera de todo el mundo. En esa situación, existen muchas probabilidades de que cometan un error y el bote se hunda. Pero una sola persona que pueda mantener la calma podrá inspirar calma a los demás. Si desde la paz pide a todos que permanezcan sentados, quietos, todos pueden salvarse. Esa persona no hace exactamente algo. Su contribución, ante todo, es su calma y la calidad de su ser. Esa es la acción de la no-acción.

Como sociedad estamos siempre esforzándonos por resolver las dificultades a las que nos enfrentamos. Y, sin embargo, parece que cuanto más hacemos, peor es la situación. Por tanto, debemos revisar los fundamentos de nuestros actos, que es la calidad de nuestro ser.

En Plum Village hemos organizado retiros para palestinos e israelíes. En Oriente Próximo, sus vidas son una constante lucha por la supervivencia. Siempre hay algo que hacer, no hay un momento para parar. Pero cuando vienen a Plum Village creamos para ellos un entorno pacífico a fin de que puedan descansar, parar, sentarse en silencio y regresar a sí mismos. Se sientan con nosotros, caminan con nosotros, comen con nosotros. Practican la relajación profunda. Nadie hace nada especial y, sin embargo, se produce una revolución. Tras unos pocos días de práctica, se sienten mucho mejor. Han ganado espacio interior y son capaces de sentarse y escuchar el sufrimiento del otro bando con compasión. En estos retiros, muchos jóvenes nos han dicho que era la primera vez en su vida que veían posible la paz en Oriente Próximo.

Si queremos organizar una conferencia de paz o una conferencia sobre el medio ambiente, podemos hacerlo de la misma forma. Los líderes mundiales pueden reunirse y no limitarse a sentarse alrededor de una mesa para tomar decisiones, sino pasar tiempo juntos como amigos y establecer una relación personal. Cuando podamos escuchar el sufrimiento y las dificultades mutuas, cuando podamos expresar nuestra visión y nuestras ideas empleando el habla amorosa, nuestras negociaciones serán fructíferas. Una vez que hay comprensión, es posible abandonar todo miedo e ira.

*Restaurar la comunicación es la principal
práctica de paz.*

Debemos organizarnos de manera que dispongamos de tiempo suficiente para convivir en paz, pensar en paz y actuar en paz durante la conferencia, y así dar lugar a la sabiduría que nuestros países precisan. La paz no es una esperanza futura. La paz es algo que puede darse a cada instante. Si queremos paz, debemos ser paz. La paz es una práctica, no una esperanza. Decimos que nuestros líderes no pueden permitirse disponer de una o dos semanas para convivir de la forma que propongo, pero la guerra y la violencia son muy costosas en dinero y en vidas. Nuestros líderes políticos necesitan el apoyo de los líderes espirituales para abordar estas cuestiones globales, deben trabajar unidos. La verdadera labor por la paz requiere una dimensión espiritual: la práctica de la paz.

¿Cuál es tu sueño?

Una vez, en Holanda, una periodista me preguntó: «¿Le queda algo que hacer antes de morir?» No sabía qué respuesta darle, porque ella no estaba familiarizada con mis enseñanzas. Así que lo mejor que pude hacer fue mirarla y sonreírle.

La verdad es que no siento que haya nada que tenga que hacer antes de morir, porque, según mi forma de ver, nunca moriré. Y las cosas que quiero hacer, hace tiempo que las estoy haciendo. De cualquier modo, en la dimensión última, no queda nada más que hacer. Cuando era un joven monje de treinta años, durante la guerra en Vietnam, escribí un poema que contenía estos versos: «Queridos, la labor de reconstrucción puede llevarnos miles de vidas, pero esa labor ya se ha concluido hace miles de vidas». En la dimensión última, no tenemos nada que hacer. Practicar el no-objetivo no supone que no tengamos un sueño, una aspiración. Supone permanecer en contacto con la dimensión última en el momento presente, para que podamos hacer realidad nuestros sueños con alegría, calma y libertad.

Cada uno de nosotros alberga un profundo deseo de realizar algo en la vida. Seamos o no conscientes de ello, en lo más profundo del corazón guardamos algo que deseamos lograr. No un deseo pasajero, sino una honda intención que puede haber empezado a surgir en el corazón cuando aún éramos muy jóvenes. Ese es tu sueño más íntimo, tu principal interés. Cuando identificas y alimentas tu deseo más profundo, puede convertirse en fuente de mucha alegría, energía y motivación. Puede proporcionarte empuje, guía. Puede sostenerte en momentos difíciles.

Nuestro sueño nos da vitalidad.
Da sentido a nuestra vida.

Todo el mundo tiene un sueño. Necesitas tomarte tiempo para permanecer en silencio, para mirar con hondura y escuchar a tu corazón. Así descubrirás cuál es tu más profundo deseo. ¿Acaso es poseer mucho dinero, poder, fama, sexo, o es algo diferente? ¿Qué quieres realmente hacer con tu vida? No deberías esperar a envejecer para plantearte estas preguntas. Una vez que puedas identificar tu más profundo deseo, tendrás una oportunidad de ser fiel a ti mismo, de vivir la vida que quisieras vivir y ser el tipo de persona que te gustaría ser.

Sueños compartidos

En el inicio de una relación con alguien necesitas descubrir también cuáles son los sueños más profundos de esa persona. Necesitas preguntarle qué quiere hacer con su vida. Necesitas descubrirlo antes de casarte, no después. Si vives con alguien pero cada uno persigue un ideal distinto, nunca podréis relacionaros con hondura. Necesitas tomarte tiempo para sentarte con tu pareja y hacerle estas preguntas; si la amas, debes comprenderla, y tienes que ayudarle a que te comprenda. Es trágico compartir una misma cama y, sin embargo, tener sueños diferentes. Hablar con tu pareja de tus sueños es una forma de profundizar la comunicación y la conexión, así ambos podréis caminar juntos en la misma dirección.

También puedes preguntar a tus padres por sus sueños: «Cuando erais jóvenes, ¿teníais algún sueño? ¿Habéis sido capaces de realizarlo?» Si puedes plantear preguntas como esta, tu relación con tus padres será auténtica y estrecha. Es una forma de descubrir cómo son tus padres en realidad. Les permitirá abrir el corazón y te sentirás tan cerca de ellos como de un amigo íntimo. Si tus padres no han podido todavía realizar su sueño, quizá puedas hacerlo tú por ellos, porque eres su continuación.

Observando tu cuerpo, tus sensaciones y tu sufrimiento podrás ver el cuerpo, el sufrimiento, las esperanzas y los sueños de tus padres. Aunque ellos ya hayan fallecido, puedes contemplar esas cuestiones y escuchar las respuestas, porque eres la continuación de tus padres. Ellos aún viven en ti, en cada célula de tu cuerpo.

Lo mismo sucede con los ancestros espirituales. Aunque nunca hayas podido encontrarte con ellos, si has recibido sus enseñanzas y las has puesto en práctica, ellos viven en ti. Están presentes en la forma en la que das un paso con plena conciencia, en el modo en que partes el pan.

Rendirse

Una vez, un estudiante me preguntó por el significado de la expresión «rendirse a la voluntad de Dios». Para mí, la voluntad de Dios es que cada uno demos lo mejor de nosotros mismos. Debemos estar vivos, debemos disfrutar de las maravillas de la vida y hacer todo lo posible por ayudar a otros a hacerlo. Esa es la voluntad de Dios. Es también la voluntad de la naturaleza. La Madre Tierra siempre hace lo posible por ser todo lo bella y fresca que pueda, por ser todo lo tolerante e indulgente que pueda. La Madre Tierra actúa según la voluntad de Dios. Y nosotros, hijas e hijos de la Tierra, podemos aprender de ella. Podemos aprender a ser tan pacientes y tolerantes como ella. Podemos vivir de forma que cultivemos y preservemos la frescura, la belleza y la compasión.

Si en nosotros existe la voluntad de cultivar la felicidad, de transformar nuestro sufrimiento y ayudar a los que nos rodean a transformar el suyo; si es nuestra intención estar plenamente presentes, vivir de forma profunda la vida que nos ha sido dada y ayudar a otros a hacer lo mismo, eso es rendirse a la voluntad de Dios. No es una rendición pasiva. La voluntad de vivir en paz, felices y con compasión está llena de vitalidad. Y no es solo la voluntad de Dios; es también la nuestra. Quien se rinde y esa persona ante la que se rinde no son entidades separadas. La dimensión última está justo aquí, en nuestro interior.

Tu sueño, ahora

Tendemos a pensar que existe un medio, una vía de realizar nuestro sueño, y que ese sueño se hará realidad al final del camino. Pero, según el espíritu del budismo, tan pronto como tienes un sueño, una intención, un ideal, debes vivirlo. Tu sueño puede realizarse justo en el momento presente. Vives la vida de forma tal que cada paso dado en la dirección correcta y cada aliento en el camino se convierten en la realización de tu sueño. Ese sueño no te aleja del presente; al contrario, tu sueño se hace realidad en el momento presente.

Al vivir cada instante como la vía para realizar nuestros sueños, no existe diferencia alguna entre el fin y los medios.

Digamos, por ejemplo, que sueñas con la liberación, el despertar y la felicidad. En la vida diaria, todos tus pensamientos, palabras y actos deberían estar encauzados hacia la realización de la liberación, el despertar y la felicidad. No necesitas esperar a llegar al final del camino para alcanzarlas. Tan pronto como des un paso hacia la liberación, ya hay liberación. Liberación, despertar y felicidad son posibles a cada paso del camino. No hay un camino a la felicidad: la felicidad es el camino.

Tu meta está en cada paso

Hace unos años, visité la montaña Wutai Shan en China en compañía de varios de mis estudiantes monásticos y amigos.

Es un lugar muy frecuentado por peregrinos y turistas; se dice de él que fue residencia de Manjushri, el Bodhisattva de la Gran Comprensión. Se asciende a la cima por una escalera de más de mil escalones, pero nuestro objetivo no era llegar a lo alto. Nuestra meta era experimentar paz y alegría en cada paso.

Recuerdo muy nítidamente aquella ascensión. Inspiraba mientras subía un escalón y espiraba con el siguiente. Mucha gente nos pasaba, resoplando, y luego se giraba para observar a esos que iban tan lentos. Nosotros disfrutábamos de cada paso. Y de vez en cuando nos deteníamos para contemplar el panorama. Cuando llegamos a lo alto de la montaña, no estábamos nada cansados; estábamos llenos de energía, con las fuerzas intactas y nutridos por la ascensión.

Cuando los seres humanos desarrollaron la capacidad de caminar y correr, les movía la necesidad de cazar o de huir de algo. Aquella energía de persecución y huida está hondamente arraigada en cada célula del cuerpo. Pero hoy en día ya no tenemos aquella necesidad de cazar, luchar o huir del peligro. Sin embargo, aún nos domina esa energía cuando caminamos. Hemos evolucionado desde el *Homo erectus* hasta el *Homo sapiens*, y ahora tenemos una oportunidad de convertirnos en *Homo conscius*, una especie despierta, consciente. Esta especie aprenderá a caminar libre. Caminar en paz y libre es una forma maravillosa de traer la dimensión última a la dimensión histórica. Es una vía para entrenarnos para no correr.

Práctica: el arte de caminar

Quizá quieras aplicar la práctica del caminar consciente allá donde vayas, en la ciudad, en el parque, en tu camino al trabajo o de compras, en el aeropuerto o en la orilla de un río. Nadie tiene por qué saber que estás practicando la meditación caminando. Camina de forma natural y relajada. Te sugiero que elijas una ruta corta por la que camines todos los días, quizá desde el aparcamiento hasta tu oficina, o desde casa hasta la parada del autobús. No precisas de una larga práctica para dominar la meditación caminando. Podemos sentir el beneficio al instante. Un sencillo paso basta para experimentar paz y libertad.

La meditación caminando está ligada a la práctica de la respiración consciente. Cuando caminas, coordinas la respiración con los pasos. Relaja el cuerpo y abandona todo pensamiento acerca del pasado o del futuro; trae tu atención al momento presente. Siente el contacto con el suelo. Cuando inspiras, eres consciente del número de pasos que das mientras inspiras. Cuando espiras, eres consciente del número de pasos que das mientras espiras. Deja que tu respiración sea natural, tan solo pon atención al número de pasos que das al inspirar y al espirar. Después de un rato notarás que hay un ritmo, una coordinación entre tu respiración y tus pasos. Es como una música.

Concentrarnos al cien por cien en la
respiración nos libera. En unos pocos

segundos nos convertimos en seres libres,
libres para transformar los hábitos
de nuestros antepasados.

Cuando practicas la caminata consciente, caminas con cuerpo y mente unidos. Debes estar realmente presente, totalmente presente en cada paso. «Estoy aquí. Estoy realmente aquí.» Quizá quieras probar con la caminata lenta. Si estás solo, puedes ir todo lo lento que quieras. Cuando inspiras, das un único paso, y cuando espiras, das un único paso.

Mientras inspiras, puedes decirte: «He llegado». Mientras espiras, puedes decirte: «Estoy en casa». Quiere decir que has llegado al momento presente, al aquí y al ahora. No es una mera declaración: es una realización. Has llegado de verdad. Cada paso te ayuda a dejar de correr, no solo con el cuerpo, también con la mente. Con la meditación caminando, reconoces tu hábito de correr para poder transformarlo poco a poco.

Necesitas invertir el cien por cien del cuerpo y de la mente en la meditación caminando para que puedas llegar de verdad. Es un reto. Si no puedes llegar ahora, ¿cuándo llegarás? Quédate ahí. Sigue respirando hasta que sientas que has llegado completamente, que estás totalmente presente. Entonces das otro paso e imprimes en el suelo el sello de llegada. Sonríe para celebrar la victoria y alégrate, todo el universo es testigo de tu llegada. Si puedes dar un paso como este, puedes dar otros dos o tres. Lo esencial es que triunfes en el primer paso.

«He llegado, estoy en casa» significa «No quiero correr más». He estado corriendo toda la vida para no llegar a ningún lado. Ahora quiero detenerme. Mi meta está en el aquí y el ahora, el único tiempo y lugar donde es posible la vida auténtica.

Esta es la meditación caminando lentamente, una manera de entrenarte de veras en detenerte, calmarte y llegar. Una vez que domines el arte de caminar despacio, podrás practicar la meditación caminando a cualquier velocidad. Caminar con plena conciencia no supone necesariamente caminar despacio. Supone caminar en paz y libre. Cada paso que se da con conciencia te alimenta, te sana. Tú te limitas a regresar a la respiración y al cuerpo. Con cada aliento, con cada paso, permites que se relajen el cuerpo y las sensaciones. Caminas de forma natural, en paz y en libertad, totalmente presente en cada paso, consciente del cuerpo y de todo lo que te rodea.

Con cada paso eres el soberano, eres libre, eres tu auténtico yo. No necesitas alcanzar la meta para llegar. Llegas con cada paso. Ves que estás vivo y que tu cuerpo es una obra maestra del cosmos. Cuando tocas la paz y la libertad en cada paso, tocas el nirvana, tu cuerpo cósmico, tu cuerpo divino. No creas que el nirvana es algo lejano. Puedes tocar el nirvana en cada paso.

Cuando practicamos la meditación caminando, tocamos la dimensión última, el Reino de Dios, con los pies, la mente y todo el cuerpo.

4

Impermanencia

Ahora es el momento

Gracias a la impermanencia,
todo es posible.

Hay tortugas que viven trescientos o cuatrocientos años, y secuoyas que pueden vivir más de mil. La duración de nuestra vida es, como máximo, de unos cien años. ¿Cómo vivimos todos esos años? ¿Estamos sacando el mayor provecho de ellos? ¿Qué debemos realizar o lograr?

Más tarde, quizá miremos hacia atrás y nos preguntemos: «¿Qué he hecho con mi vida?» El tiempo pasa muy de prisa, la muerte llega de improviso. ¿Cómo podemos negociar con ella? Esperar a mañana es ya demasiado tarde. Todos queremos vivir intensamente, no desperdiciar nuestras vidas para que, cuando llegue la muerte, nos encuentre sin remordimiento alguno.

Cuando estamos asentados en el momento presente con firmeza, sabemos que estamos vivos y que estar vivos es un milagro. El pasado ya se ha ido, el futuro aún no ha llegado. Este es el único momento en el que podemos vivir, ¡y es nuestro!

Debemos convertir este momento presente en el momento más maravilloso de nuestra vida.

Contemplar la impermanencia nos ayuda a experimentar libertad y felicidad en el momento presente. Nos ayuda a ver la realidad tal como es para que podamos abrazar el cambio, encarar nuestros temores y apreciar lo que tenemos. Cuando podemos ver la naturaleza impermanente de una flor, de un guijarro, de la persona que amamos, de nuestro propio cuerpo, de nuestra pena y dolor o incluso de una situación concreta, podemos penetrar en el corazón de la realidad.

La impermanencia es maravillosa. Si las cosas no fueran impermanentes, la vida no sería posible. Un grano nunca podría convertirse en una planta de maíz; un niño no podría convertirse en adulto; no habría sanación ni transformación; no podríamos hacer realidad nuestros sueños. Así que la impermanencia es crucial para la vida. Gracias a la impermanencia, todo es posible.

Ya veremos, ya veremos

Hay un antigua historia china sobre un tal señor Ly, un campesino que dependía de su caballo para subsistir. Un día, el caballo se escapó. Todos sus vecinos se apiadaban de él: «¡Qué poca suerte tienes! ¡Qué desgracia!» Pero el señor Ly no estaba nada angustiado. «Ya veremos —decía—, ya veremos.»

Unos pocos días más tarde, el caballo regresó acompañado de otros caballos salvajes. El señor Ly y su familia se hicieron ricos de la noche a la mañana. «¡Qué afortunado eres!», exclamaron los vecinos. Y el señor Ly respondía: «Ya veremos, ya veremos». Entonces, un día en que su único hijo estaba domando uno de aquellos caballos salvajes, se cayó y se rompió una pierna. «¡Qué desgracia!», decían de nuevo los vecinos. «Ya veremos —decía el señor Ly—, ya veremos.»

Unas semanas más tarde, llegó a la aldea el ejército imperial para reclutar a todos los jóvenes que estuvieran en buena condición física. No se llevaron al hijo del señor Ly, que aún se estaba recuperando de la rotura de la pierna. «¡Qué afortunado eres!», volvieron a exclamar los vecinos. «Ya veremos —contestó el señor Ly—, ya veremos.»

La impermanencia posee tanto la capacidad de generar alegría como de generar sufrimiento. La impermanencia no es una mala noticia. Como hay impermanencia, los regímenes despóticos están destinados a caer. Como hay impermanencia, pueden curarse las enfermedades. Gracias a la impermanencia, podemos disfrutar de la belleza de las cuatro estaciones. Gracias a la impermanencia, todo puede cambiar y adoptar un rumbo más positivo.

Durante la guerra de Vietnam, había veces en las que parecía que la violencia nunca acabaría. Nuestros equipos de jóvenes trabajadores sociales se esforzaban sin descanso por reconstruir las aldeas bombardeadas. Muchos vietnamitas perdieron sus hogares. Había una aldea cerca de la zona desmilitarizada que habíamos reconstruido no una, sino dos o tres veces tras repetidos bombardeos. Los jóvenes preguntaban: «¿Debemos reconstruirla? ¿O debemos rendirnos?» Afortunadamente, tuvimos la sabiduría de no rendirnos. Rendirnos hubiera sido abandonar toda esperanza.

Recuerdo que, por entonces, se me acercó un grupo de jóvenes y me preguntaron: «Querido maestro, ¿cree que la guerra acabará pronto?» En aquel momento, yo no era capaz de ver ningún signo que indicara que la guerra fuera a acabar jamás. Pero no quería que nos ahogara la desesperación. Permanecí en silencio por un tiempo. Finalmente, respondí: «Queridos amigos, Buda dijo que todo es impermanente. También la guerra acabará algún día». La cuestión es: ¿qué podemos hacer para acelerar la impermanencia? Cada día hay siempre algo que podemos hacer para ayudar.

El poder de la visión profunda

Podemos estar de acuerdo con la verdad de la impermanencia y, sin embargo, aún comportarnos como si todo fuera permanente. Ese es el problema, eso es lo que nos impide aprovechar las oportunidades que se abren ante nosotros justo ahora para actuar y cambiar una situación, o para aportar alegría a los demás y a nosotros mismos. Gracias a la visión profunda de la impermanencia, no esperas más. Haces todo lo que está en tu mano para cambiar las cosas, para hacer feliz a la persona amada, para vivir la vida que deseas.

Buda ofreció la contemplación de la impermanencia no para que la adoráramos como una noción, sino para que adquiriésemos la visión de la impermanencia y la aplicásemos en la vida diaria. Existe una diferencia entre una noción y una visión profunda.

Supongamos que enciendo una cerilla, para obtener una llama. En cuanto se manifiesta esa llama, se empieza a consumir la cerilla. La noción de impermanencia es como la cerilla y la visión profunda de la impermanencia es como la llama. Cuando la llama se manifiesta, consume la cerilla, que ya no es necesaria. Lo que necesitamos es la llama, no la cerilla. Empleamos la noción de impermanencia para lograr la *visión* de la impermanencia.

Podemos convertir la visión profunda
de la impermanencia en una visión viva
que esté en nosotros a cada instante.

La visión profunda de la impermanencia tiene el poder de liberarnos. Imagina que una persona que amas dice algo que te enoja, y quieres castigarla respondiendo de forma áspera. Se ha atrevido a hacerte sufrir, y quieres atacarla para que sufra también. Estás a punto de iniciar una pelea. Pero, entonces, recuerdas cerrar los ojos y contemplar la impermanencia. Imaginas a la persona amada dentro de trescientos años. No será más que polvo. Quizá no sean precisos trescientos años; quizás en treinta o cincuenta años, ambos seréis polvo. De repente, te das cuenta de lo estúpido que es enfadarse o pelearse; la vida es tan preciosa. Solo necesitas un par de segundos de concentración para reconocer, experimentar tu naturaleza impermanente. La visión profunda de la impermanencia es un fuego que consume la ira. Y cuando abres los ojos ya no quieres discutir, solo quieres tomar a esa persona en tus brazos. La ira se ha transformado en amor.

Vivir a la luz de la impermanencia

Muchas de las personas que he amado en este mundo —miembros de mi familia, amigos íntimos— ya han fallecido. Que yo aún pueda respirar es un milagro, y sé que respiro por ellos. Cada mañana, cuando me levanto, estiro el cuerpo y realizo algunos ejercicios suaves que me aportan gran felicidad.

No hago ejercicio para estar en forma o más
sano; lo hago para disfrutar de estar vivo.

La felicidad y la alegría de practicar ejercicios en plena conciencia alimentan mi cuerpo y mi mente. Con cada ejercicio que realizo, siento lo maravilloso que es poder hacerlo todavía. Cuando hago estos ejercicios, disfruto de tener un cuerpo, disfruto de estar vivo. Acepto la vida y mi cuerpo tal como son y siento una gratitud inmensa. Aunque hayamos envejecido o padezcamos alguna enfermedad o dolor, aún podemos beneficiarnos de los momentos en los que el dolor no es tan fuerte. Si aún puedes respirar, puedes disfrutar de la respiración. Si aún puedes caminar, puedes disfrutar del caminar. Si puedes entrar en contacto con los elementos de paz y frescura que hay en ti y en torno a ti, tanto el cuerpo como la mente recibirán beneficio, y tú podrás abrazar las dificultades y los dolores de tu cuerpo.

Quizá tememos morir y nos resulta duro imaginarnos envejeciendo. No podemos creer que un día no seremos capaces de caminar o de tenernos en pie. Si somos afortunados, un día seremos lo bastante viejos como para sentarnos en una silla de ruedas. Al contemplar esos hechos, valoramos cada paso y sabemos que en un futuro las cosas no serán como son ahora. Reconocer la impermanencia nos permite apreciar los días y las horas que nos son dadas. Nos ayuda a valorar este cuerpo, a las personas amadas y todas las condiciones para ser felices con las que contamos justo ahora. Podemos estar en paz sabiendo que estamos viviendo de la forma más plena.

Respira: estás vivo

Aprecio los días y las horas de vida
que me quedan. Son inmensamente
preciosas. Hago el voto de no desperdiciar ni
una sola de ellas.

He estado practicando no desperdiciar ni un instante; bien esté caminando o bien trabajando, enseñando, leyendo, tomando un té o comiendo en compañía de mi comunidad, aprecio cada momento. He estado viviendo con hondura cada respiración, cada paso y cada acto. Allá donde camine, uno a cada paso las siguientes frases; cuando inspiro, digo: «Inspiro una inspiración legendaria»; y cuando espiro digo: «Vivo momentos legendarios, momentos maravillosos». La felicidad está en cada paso, y sé que mañana no me arrepentiré de nada.

Respirar es una celebración:
celebrar el hecho de estar vivo, aún vivo.

Encarar los miedos secretos

A menudo, la alegría de saber que aún estamos vivos contiene un intenso temor que no queremos encarar: nuestro miedo a la muerte. Aunque no queremos admitirlo ni pensar sobre ello, en lo más profundo de nuestro corazón albergamos la certeza de que un día moriremos. Llegará el día en que nuestro cuerpo será un cadáver amortajado. Ya no podremos respirar, no podremos pensar, no podremos sentir ninguna emoción ni sensación, y este cuerpo empezará a descomponerse. Quizá nos sintamos incómodos cuando pensamos en la muerte; quizá tendamos a apartar ese pensamiento; quizá lo neguemos. Ese miedo puede perseguirnos secretamente, guiando nuestros pensamientos, palabras y actos sin que nos demos cuenta de ello.

Mantener en la vida diaria la conciencia de nuestros ocho cuerpos nos ayudará a transformar nuestro arraigado temor a la muerte. Vemos que este cuerpo físico es solo una pequeña parte de quien somos, vemos todas las infinitas vías por las que continuaremos. No deberíamos negar la impermanencia de este cuerpo físico. Mantener esa conciencia viva en la vida diaria puede ayudarnos a ver con claridad la forma de hacer un buen uso del tiempo del que aún disponemos. Buda nos dejó las Cinco Rememoraciones, una contemplación para recitar al final de cada día, como un ejercicio para disminuir el miedo a la muerte y recordarnos lo preciosa que es la vida.

Práctica: las Cinco Rememoraciones

Puedes tomarte un momento para leer estas líneas muy despacio, con una pausa tras cada respiración y relajándote entre una rememoración y la siguiente:

Está en mi naturaleza envejecer.
No puedo escapar del envejecimiento.

Está en mi naturaleza enfermar.
No puedo escapar de la enfermedad.

Está en mi naturaleza morir.
No puedo escapar de la muerte.

Todo lo que aprecio y todos los seres que
amo están sujetos a la naturaleza del cambio.
No puedo escapar de tener que separarme
de ellos.

Mis actos son mi única pertenencia.
No puedo escapar de las consecuencias
de mis actos. Mis actos son la base sobre
la que me sostengo.

Para ver la dimensión última de la realidad, debemos contemplar con hondura la dimensión histórica, la dimensión en la que vivimos. Las Cinco Rememoraciones nos ayudan a comprender la «verdad relativa» de la muerte; nuestro cuerpo *experimenta* el envejecimiento, la enfermedad y la muerte, pero también contamos con un cuerpo cósmico, y es crucial recordarlo. Cuanto más observemos con la visión profunda de la ausencia de signo, más veremos que la palabra «transformación» es mucho más adecuada que la palabra «muerte». Al contemplar la impermanencia y el no-yo gracias a la cuarta rememoración, empezamos a tocar un nivel más profundo de realidad, la «verdad máxima» más allá de signo alguno. Aunque la muerte parezca separarnos de aquellos que amamos, al mirar hondo podemos ver que siguen estando con nosotros bajo nuevas formas. Con la quinta recordamos que nuestras acciones nos prolongan hacia el futuro, y de este modo tocamos nuestra verdadera naturaleza de no-nacimiento y no-muerte, no venir y no partir, no lo mismo y no diferente. Recitar las Cinco Rememoraciones con regularidad nos ayuda a aplicar las visiones de vacío, no-signo, no-objetivo e impermanencia en la vida diaria.

Visión profunda aplicada

Antoine-Laurent Lavoisier, el padre de la química moderna, es un científico francés que descubrió que «nada se crea, nada se destruye, todo se transforma». A veces me pregunto si Lavoisier fue capaz de llevar una vida acorde con este principio. Lavoisier vivió durante la Revolución Francesa y murió en la guillotina a los cincuenta años. Tuvo una esposa maravillosa que lo amó inmensamente y que, también, se dedicó a la ciencia. Pero me pregunto si Lavoisier, que había experimentado esta profunda visión de que nada puede ser destruido, tuvo miedo a morir el día que subió al cadalso.

La visión profunda y los descubrimientos que Lavoisier realizó siguen aún resonando hoy. Así que Lavoisier no ha muerto, su sabiduría perdura. Él vive todavía bajo nuevas formas. Cuando decimos que nada se crea, nada se destruye, todo se transforma, esto es algo que se aplica también a tu cuerpo, tus sensaciones, tus percepciones, tus formaciones mentales y tu conciencia.

Impermanencia y no yo

Cuando experimentas profundamente la impermanencia, experimentas el no-yo. Impermanencia y no-yo no son dos cosas diferentes. Desde el punto de vista temporal se da la impermanencia, y desde el punto de vista espacial se da el no-yo, el vacío, el interser. Son palabras distintas, pero son la misma cosa. Cuanto más a fondo comprendamos la impermanencia, más a fondo podremos comprender las enseñanzas sobre no-yo e interser.

«Impermanencia» es un sustantivo que describe la naturaleza de algo: una flor, una estrella, el ser amado o tu propio cuerpo. Pero no deberíamos pensar que la impermanencia se refiere únicamente a la apariencia exterior y que en el interior existe algo permanente. Impermanencia significa que nada puede continuar siendo la misma cosa en dos momentos sucesivos. Por tanto, en realidad no existe un objeto que podamos calificar como impermanente; desde un punto de vista semántico, es absurdo decir «todo es impermanente». Lo cierto es que todo existe tan solo durante un breve instante.

Imaginemos que estamos contemplando la titilante luz de una vela. Al principio parece que fuera una llama continua, pero de hecho lo que vemos es una multitud de llamas que se suceden. A cada milisegundo, nuevas llamas se manifiestan a partir de elementos no-llama, que incluyen el oxígeno y el combustible. La llama irradia luz y calor en todas las direcciones. Constantemente se suceden *inputs* y *outputs*. La llama que vemos no es exactamente la misma que la llama que hemos visto hace un instante, pero tampoco es totalmente distinta. De la misma forma, nosotros también cambiamos sin cesar. Nuestro cuerpo, nuestras sensaciones, percepciones y formaciones mentales y nuestra conciencia cambian de un momento a otro. A cada segundo, las células del cuerpo, las sensaciones, las percepciones, las ideas y los estados mentales dan paso a otros nuevos.

Recuerdo que una vez se casó una pareja en un retiro que guié en Alemania. Al día siguiente, les sugerí que se hicieran uno al otro esta pregunta: «Cariño, ¿eres la misma persona con la que me casé ayer, o eres distinta?» Según la impermanencia, cambiamos de un día para otro. No somos exactamente la misma persona, pero tampoco exactamente una persona distinta. Mi yo de ayer es diferente de mi yo de hoy.

Cuando nos enamoramos, tendemos a desear aferrarnos y sujetar al ser amado. Queremos que permanezca igual para siempre, y queremos que nos ame por siempre. Hoy dice que somos atractivos y que nos ama, pero mañana, ¿seguirá diciéndonos que nos quiere? Cuando amamos a alguien, tenemos siempre miedo de perderlo. La mente desea, sin cesar, aferrarse a algo permanente, algo que perdure. Queremos quedarnos como estamos, y queremos que la persona amada se quede como está. Pero eso no es posible. Ambos estamos cambiando constantemente. Cuando podemos abrazar la impermanencia, nos permitimos cambiar y crecer, permitimos que la otra persona cambie y crezca. De un día para otro, no somos ni los mismos ni distintos. Y esa es una buena noticia.

En este momento tú eres nuevo, la persona amada es nueva, y por eso, ambos sois libres.

Regar semillas

Cuando somos conscientes de que la persona amada no es una entidad separada sino una composición de elementos diversos, podemos regar los elementos positivos en ella para ayudarlos a crecer. Eso es también cierto en relación con nosotros mismos. Podemos practicar regar en nosotros las semillas que queramos que crezcan y se transformen. Nuestra mente es como un jardín en el que se encuentran toda clase de semillas: semillas de alegría, paz, plena conciencia, comprensión y amor; pero también semillas de ansia, ira, miedo, ira y olvido. La forma en que actúas y la calidad de tu vida dependen de qué semillas riegas. Si siembras en el jardín semillas de tomate, crecerán tomateras. De la misma forma, si riegas en tu mente la semilla de la paz, crecerá la paz. Cuando se riega en ti la semilla de la felicidad, florecerá tu felicidad. Cuando se riega en ti la semilla de la ira, te enfadarás. Las semillas que se riegan a menudo crecerán fuertes; por ello, necesitas ser un jardinero atento, que riegue de forma selectiva aquellas semillas que quieras cultivar y no riegue aquellas que no quieres que crezcan.

Cada persona posee fortalezas y debilidades. Podemos creer que tenemos poca paciencia o que somos buenos amigos, que sabemos escuchar. Pensamos que esas cualidades nos definen. Pero no nos pertenecen solo a nosotros. Pertenecen a toda la corriente de nuestra herencia. Cuando nos damos cuenta de que estamos hechos de elementos no-nosotros, nos es más fácil aceptar nuestras buenas cualidades, así como nuestras debilidades y defectos, con comprensión y compasión.

Cuando te comprometes en una relación, tienes dos jardines: el tuyo propio y el de la persona amada. Primero, debes cuidar de tu propio jardín y dominar el arte de la jardinería. En cada uno de nosotros hay flores y hay también desperdicios. Los desperdicios son la ira, el miedo, la discriminación y la envidia que nos habitan. Si riegas los desperdicios, reforzarás las semillas negativas. Si riegas las flores de la compasión, la comprensión y el amor, reforzarás las semillas positivas. Tú decides qué cultivar.

Si no sabes cómo practicar el riego selectivo en tu propio jardín, no tendrás suficiente sabiduría para ayudar a regar las flores del jardín de la persona amada. Si cultivas correctamente tu jardín, estarás ayudando a cultivar el jardín del ser amado. Una sola semana de práctica puede bastar para cambiar las cosas. Todo el mundo puede hacerlo. Todos necesitamos practicar este arte a fin de mantener viva nuestra relación. Cada vez que practicas el caminar consciente, invirtiendo mente y cuerpo en cada paso, ayudas a cultivar la paz, la alegría y la libertad que necesitas. Cada vez que inspiras y sabes que estás inspirando, cada vez que espiras y sonríes a tu espiración, te conviertes en quien eres verdaderamente. Te conviertes en tu propio dueño, en el jardinero de tu propio jardín.

Cuida bien de tu jardín para poder ayudar
a los seres que amas a cuidar del suyo.

Si estás implicado en una relación difícil y quieres hacer las paces con la otra persona, primero debes regresar a ti mismo. Tienes que regresar a tu jardín y cultivar las flores de paz, compasión, gratitud, comprensión y alegría. Solo entonces puedes dirigirte a esa otra persona para ofrecerle paciencia, aceptación, comprensión y compasión.

Cuando asumes un compromiso con otra persona, os hacéis la promesa mutua de crecer juntos. Es vuestra responsabilidad cuidar uno del otro. Sin embargo, con el tiempo, puede que te enfrentes a dificultades que te lleven a empezar a descuidar tu jardín. Una mañana puede que te despiertes y veas, de repente, que tu jardín está invadido de malas hierbas, que la luz de tu amor se ha apagado. Nunca es demasiado tarde para recomponerlo. Tu amor aún existe, aquella persona de la que te enamoraste aún existe, pero tu jardín necesita algunos cuidados.

¿Está aún vivo tu amor?

Cuando observas detenidamente a la persona con la que estás más unido, puede que sientas que ya no reconoces a aquella de la que te enamoraste; parece haber desaparecido o haberse convertido en alguien totalmente diferente. Han surgido dificultades, malentendidos. Quizá ninguno de los dos ha sido lo suficientemente hábil en su forma de pensar, en su forma de hablar y de comportarse; no se ha cuidado la relación. Os habéis herido uno al otro a menudo a través de pensamientos, palabras o acciones poco hábiles, y ya no os miráis ni os habláis con amor. Uno ha hecho sufrir al otro demasiado. Puede parecer que el amor que una vez compartisteis ha desaparecido. Pero, del mismo modo que la bellota perdura en el roble, el amor de ayer existe hoy todavía. Siempre es posible revivir esa relación y redescubrir a la persona que un día amaste.

Si observas con la mirada del no-signo,
verás que la persona de la que te enamoraste
está ahí todavía.

Una vez vino a visitarme a Plum Village una pareja francesa de mediana edad y me contó su historia. Cuando empezaron su relación, estaban profundamente enamorados y cada día se escribían las más dulces y tiernas cartas de amor. En aquellos días, recibir una carta por correo era algo muy especial. La gente esperaba con impaciencia oír los pasos del cartero para saber si iba a recibir correspondencia. Todo el mundo atesoraba sus cartas de amor y las guardaba en un lugar seguro a fin de poder releerlas de vez en cuando. La mujer de esta pareja conservaba todas sus cartas de amor en una lata de galletas, una típica lata francesa de galletas LU que guardaba en su armario.

Cuando nos enamoramos por vez primera, nuestro único deseo es mirar a la persona amada a los ojos y sentirla cerca. No necesitamos ni comer, ni beber, ni dormir siquiera. Para sobrevivir, mirarla a los ojos nos basta.

Pero si no sabemos cuidar de nuestro amor, alimentar nuestra relación, muy pronto no encontraremos ya placer alguno en mirar al ser amado. Al contrario, con solo mirarlo, sufrimos. Preferimos comprobar si hay mensajes en el teléfono o mirar la televisión, aunque no nos guste especialmente lo que ponen, porque sigue siendo mejor que desconectar el aparato y confrontar la realidad de la presencia de esa otra persona.

Ese era el caso de aquella pareja francesa. Con los años, su amor se había evaporado. Una vez, el marido tuvo que ausentarse varios días por trabajo. No era la primera vez que lo hacía, así que ella lo asumió con cierta indiferencia.

Entonces, una mañana, mientras hacía la limpieza general de un armario, ella se topó con la lata de galletas LU que contenía todas sus antiguas cartas de amor.

Picada por la curiosidad, la abrió y tomó una para leerla. Las palabras de su marido eran muy dulces, tiernas: le llegaron directas al corazón. Con el transcurso de los años, las semillas positivas de su amor habían sido recubiertas por capas de polvo y barro, pero ahora, al releer aquellas cartas, esas semillas positivas se regaron de nuevo en su conciencia. Podía oír el amor y la bondad en la voz de su esposo. Así que leyó otra carta, y otra, y otra. Se quedó sentada y leyó todas las cartas de la lata, docenas de ellas. Era como si sobre su suelo reseco, sediento, hubiera empezado a caer una refrescante lluvia. Se preguntó qué había sido de aquel bello amor, dónde habían ido a parar los días felices que pasaron juntos. Recordó que ella también solía escribirle cartas de amor. Solía hablarle con ternura, con amor y comprensión.

Después de haber leído todas las cartas, sintió un intenso deseo de reconectar con la persona de la que se había enamorado años atrás. Así que se sentó, tomó papel y bolígrafo y le escribió. Pudo emplear el mismo lenguaje tierno y dulce de antaño. Le recordó todos los bellos instantes que habían compartido, su intensa y especial conexión, y le expresó su deseo de renovar y refrescar su mutuo amor. Puso la carta en un sobre y se la dejó sobre el escritorio.

Unos pocos días más tarde, su esposo le llamó para informarle de que el viaje se iba a alargar. Ella le contestó con una voz tan llena de confianza y amor que él se sorprendió:

«Querido, si necesitas unos días más, puedes quedarte. Pero intenta volver cuanto antes». Hacía años que ella no le hablaba en un tono de voz tan dulce.

Cuando él regresó, encontró la carta sobre el escritorio. Permaneció mudo largo rato. Todas las buenas semillas que habían permanecido dormidas largo tiempo recibieron riego mientras él leía la carta. Cuando salió de la habitación para saludarla, era una persona diferente. Sus dulces, compasivas y amorosas palabras lo habían ablandado, le habían abierto de nuevo el corazón para ella. Después de mucho tiempo, se sintió apreciado, amado, considerado. Se reconciliaron y fueron capaces de volver a descubrirse uno al otro, renovar su relación y dar una nueva vida a su amor.

Gracias a la impermanencia, todo es posible

El amor es algo vivo que necesita ser alimentado. Por muy bello que sea nuestro amor, si no sabemos cómo alimentarlo, morirá. Necesitamos aprender a cultivar el jardín de nuestro amor para que esa historia de amor pueda llegar a durar largo tiempo. No creas que tu amor ha muerto. La persona de la que te enamoraste no ha desaparecido. Está ahí todavía, esperando ser descubierta.

La vida es preciosa. Ahora estás vivo y no deberías perder la oportunidad de refrescar y renovar tu amor. La plena conciencia puede hacer milagros. Cuando reconoces las maravillosas cualidades del ser amado y puedes sentir y mostrar tu gratitud, cuando puedes expresarte mediante un habla amorosa y una escucha profunda, puedes restaurar tu amor y redescubrir la belleza de tu relación. Más tarde, cuando te conviertas en lluvia, no tendrás remordimientos.

Lo cierto es que el sufrimiento y la felicidad inter-son; no puede darse el uno sin el otro. Superar momentos difíciles para la relación nos lleva a poder profundizar en nuestro amor. Y la buena noticia es que el sufrimiento y la felicidad son impermanentes. Por eso, Buda siguió practicando incluso después de haber alcanzado el despertar; siguió haciendo un buen uso del sufrimiento para cultivar felicidad, de la misma forma en que un jardinero hace un buen uso del compost para cultivar flores.

Nuestro sufrimiento es impermanente
y por eso podemos transformarlo.
Y como la felicidad es impermanente,
por eso debemos alimentarla.

5

Ningún ansia

Ya tienes bastante

*Tan pronto como vemos que en este
mismo momento ya tenemos bastante,
ya somos bastante, la verdadera
felicidad se hace posible.*

El arte de la felicidad es el arte de vivir hondamente en el momento presente. El aquí y el ahora son el único tiempo y espacio en que la vida está disponible, en donde podemos descubrir todo aquello que buscamos, incluso el amor, la libertad, la paz y el bienestar.

La felicidad es un hábito. Con plena conciencia, concentración y visión profunda, podemos liberarnos de las sensaciones de inquietud y ansia, y darnos cuenta de que justo ahora ya tenemos más que suficientes condiciones para ser felices. Esta es la contemplación de la ausencia de ansia. Al practicar a lo largo del día la respiración consciente y regresar a nosotros mismos para cuidar del cuerpo, podemos liberarnos de los remordimientos por el pasado y las preocupaciones por el futuro para vivir intensamente cada instante y entrar en contacto con los elementos maravillosos, refrescantes y sanadores que están disponibles dentro de nosotros y alrededor.

Enganchado

Contemplar la ausencia de ansia es otra forma de practicar la concentración sobre la ausencia de objetivo. Cada persona contiene un gran bloque de ansia. Siempre estamos buscando en el exterior algo que nos llene, que nos satisfaga: comida, placeres sensuales, dinero, una relación, estatus social o éxito. Pero mientras en nosotros subsista la energía del ansia nunca estaremos satisfechos con lo que tengamos o con lo que seamos ahora, y así la verdadera felicidad es imposible. La energía del ansia nos arrastra hacia el futuro. Perdemos la paz y la libertad del momento presente y sentimos que no podemos ser felices hasta que alcancemos el objeto que anhelamos.

Pero incluso si llegas a lograr ese objeto, nunca te sentirás totalmente realizado. Como un perro que roe un hueso desnudo, nunca te sentirás satisfecho por muchas horas que pases royendo tu ansia. Nunca sentirás que lo que tienes te baste.

La obsesión puede convertirse en una prisión
que nos impide experimentar la felicidad
y la libertad verdaderas.

Podemos pasarnos toda la vida persiguiendo salud, estatus, influencia y placeres sensuales, en la creencia de que mejorarán la calidad de nuestra vida. Y acabaremos por no disponer de tiempo suficiente para poder vivir. Nuestra vida se convierte en un mero medio para ganar dinero y llegar a ser «alguien.»

Buda empleaba la imagen de un pez que muerde un atractivo cebo. El pez no sabe que en él hay un anzuelo escondido. Ese cebo tiene un aspecto delicioso, pero tan pronto como el pez lo muerde queda enganchado, atrapado. Lo mismo nos ocurre a nosotros. Perseguimos cosas que parecen deseables, como dinero, poder y sexo, sin darnos cuenta del peligro que encierran. Destruimos nuestro cuerpo y mente persiguiéndolas y, a pesar de todo, persistimos en la búsqueda. Así como hay un anzuelo en el cebo, así esconde un peligro el objeto de nuestro deseo. Una vez que podamos ver el anzuelo, aquello que anhelamos dejará de atraernos y seremos libres.

Al principio piensas que abandonar ese objeto de deseo será una gran pérdida. Pero cuando finalmente lo dejas ir te das cuenta de que no has perdido nada, después de todo. Incluso eres ahora más rico que antes, porque has recuperado tu libertad y tienes el momento presente, exactamente como aquel labrador que lo vendió todo para comprar el tesoro oculto en un campo.

La visión profunda te libera

Todos tenemos momentos de visión profunda, de intuición. Sabemos que el objeto que anhelamos no es tan valioso, no queremos quedar enganchados. Sabemos que no queremos malgastar nuestro tiempo y nuestra energía en ello. Y sin embargo no podemos abandonarlo, soltarlo. La causa es que no sabemos cómo llevar a la práctica nuestras profundas visiones.

Necesitamos tomarnos tiempo para parar y reflexionar hondamente sobre nuestra situación a fin de identificar qué es lo que perseguimos. Después, debemos identificar el anzuelo. ¿Cuál es el peligro? ¿Qué sufrimiento esconde? Debemos observar todas las maneras en las que perseguimos y ansiamos aquello que nos hace sufrir.

Todo deseo tiene su raíz en nuestro original y básico deseo de sobrevivir. En el budismo no se habla de pecado original, se habla del miedo y del deseo originales que se manifiestan en nosotros durante el parto, en el peligroso momento en que efectuamos la primera y penosa inspiración. Nuestra madre no puede ya respirar por nosotros. Fue difícil inspirar; primero debimos expulsar el agua de los pulmones. Pero si hubiéramos sido incapaces de respirar por nosotros mismos hubiéramos muerto. Lo logramos, nacimos. Y en ese mismo parto nacieron también el miedo a morir y el deseo de sobrevivir. Mientras éramos tiernos bebés, aquel miedo permaneció en nosotros. Sabíamos que para sobrevivir teníamos que lograr que alguien se ocupara de nosotros. Quizá nos sintiéramos indefensos, así que encontramos toda suerte de vías para lograr que alguien nos protegiera, nos cuidara y asegurara nuestra supervivencia.

Aunque ahora seamos adultos, aquel miedo y aquel deseo originales persisten. Tememos ser abandonados o quedarnos solos, tememos envejecer. Anhelamos el contacto y que alguien nos cuide. Quizá trabajemos sin descanso movidos por aquel miedo original de que esa sea la única forma de asegurar nuestra supervivencia. Y ese miedo y ese deseo que sentimos pueden tener su origen en el miedo y el deseo de nuestros antepasados, quienes pasaron hambre, conocieron guerras, exilios, y durante miles de años padecieron innumerables contrariedades que hicieron muy difícil la supervivencia.

Cuando surgen el miedo, el ansia y el deseo, debemos ser capaces de reconocerlos con plena conciencia y sonreírles con compasión: «Hola, miedo; hola, ansia; hola, pequeño bebé; hola, ancestros». Acompasamos nuestra respiración y, asentados en la segura isla del momento presente, transmitimos la energía de estabilidad, compasión y ausencia de miedo a nuestro niño interior, a nuestros ancestros.

La plena conciencia solo podrá ayudarnos a reducir el estrés y la tensión si nos procura visión profunda.

La meditación no es un refugio temporal que te ayude a no sufrir durante un tiempo. Es mucho más que eso. Tu práctica espiritual tiene el poder de transformar las raíces del sufrimiento y transformar tu manera de vivir. Es la visión profunda la que nos ayudará a calmar la inquietud, el estrés, el ansia. En vez de hablar de MBSR, *Mindfulness Based Stress Reduction,* reducción del estrés basada en la plena conciencia, quizá podríamos empezar a hablar de IBSR, *Insight Based Stress Reduction,* reducción del estrés basada en la visión profunda.

Eres libre para ser tú mismo

Hay una historia muy divertida de algo que ocurrió hace muchos años en un hospital psiquiátrico en Vietnam. Un paciente tenía mucho miedo de las gallinas que andaban sueltas en el patio del hospital. Cada vez que veía una, salía huyendo. Un día, un enfermero le preguntó: «¿Por qué lo haces?» El joven le contestó que estaba convencido de ser un grano de maíz y temía que las gallinas lo comieran. El médico lo hizo venir a su consulta y le dijo: «Eres un ser humano, no un grano de maíz. Mira, tienes ojos, nariz, lengua y un cuerpo, igual que yo. No eres un grano de maíz, eres un ser humano». El paciente asintió.

Después, el médico le pidió que escribiera una y otra vez en una hoja: «Soy un ser humano, no soy un grano de maíz». El joven llenó bastantes páginas con aquella frase.

Parecía hacer grandes progresos. Cada vez que el enfermero venía y le preguntaba: «¿Quién eres? ¿Qué eres?», siempre respondía: «Soy un ser humano, no soy un grano de
maíz». Los médicos y los enfermeros estaban muy conten-
tos y lo citaron una última vez para darle el alta.

Mientras el paciente caminaba hacia el consultorio, vio
una gallina y salió corriendo a toda velocidad. Al enfermero
le fue muy difícil atraparlo. Cuando lo hizo, le dijo enojado:
«¿Qué haces? ¿Por qué huiste? Lo estabas haciendo muy
bien, ya *sabes* que eres un ser humano, que no eres un grano
de maíz». El joven paciente le respondió: «Sí, *yo* sé muy
bien que soy un ser humano y no un grano de maíz. Pero las
gallinas no lo saben».

Muchos personas hacemos cosas por las meras apariencias; no porque creamos que sean importantes, sino
porque creemos que los demás las consideran importantes.
Incluso podemos rezar, recitar o invocar el nombre de
Buda porque creemos que a Buda le importa, no porque le
veamos algún sentido. Lo mismo ocurre cuando perseguimos signos externos de éxito, de riqueza o de posición social. Lo hacemos, no porque pensemos que sea importante, sino porque nos parece que es lo que los demás esperan
de nosotros. Pero cuando seamos capaces de ver el verdadero precio de esa búsqueda, el anzuelo que esconde, ya no
querremos proseguir en la persecución. Aplicamos la visión profunda que nos dice que *ya* tenemos bastante. No
tenemos nada que demostrar.

Felicidad verdadera

La calidad de nuestra vida y la verdadera felicidad no dependen de circunstancias o pruebas externas. No depende de cuánto dinero tengamos, en qué trabajemos o qué automóvil o casa tengamos. En Plum Village, ninguno de los monjes posee una cuenta bancaria, una tarjeta de crédito o un sueldo y, a pesar de todo, viven felices. Para el estándar occidental, no somos nada normales. Pero nos hace felices vivir de forma sencilla y tener una oportunidad de ayudar a los demás y de servir al mundo.

La felicidad verdadera depende de nuestra capacidad para cultivar compasión, y comprensión y generar nutrición y sanación para nosotros y para los demás.

Todos necesitamos amar y ser amados. En nuestras relaciones buscamos quizás a esa persona que represente todo lo que es bueno, verdadero y bello para que colme nuestra íntima sensación de carencia. Esa persona de la que te enamoras se convierte muy pronto en objeto de deseo. Pero deseo sexual no es lo mismo que amor; las relaciones sexuales motivadas por el ansia nunca disiparán tu sensación de soledad, al contrario: crearán más aislamiento y sufrimiento. Si quieres sanar tu soledad, debes primero aprender a curarte a ti mismo, estar presente para ti mismo y cultivar tu propio jardín interior de amor, aceptación y comprensión.

Una vez que hayas cultivado en ti el amor y la comprensión, tendrás algo que ofrecer al otro. Pero si no hay en uno mismo amor y comprensión, ¿cómo podemos culpar a los demás de no amarnos, de no comprendernos? La libertad, la paz, el amor y la comprensión no pueden obtenerse del exterior. Ya están a nuestra disposición en nuestro interior. La práctica consiste en hacer todo lo que nos sea posible para que ese amor, esa comprensión, esa libertad y esa ausencia de miedo salgan a la luz mediante la observación profunda de nuestro interior, mediante la escucha profunda aplicada a nosotros mismos. En lugar de perseguir los objetos de nuestra ansia, en lugar de hacer de los seres amados un objeto de deseo, deberíamos dedicar el tiempo del que disponemos a cultivar en el corazón verdadero amor y comprensión.

Un amigo verdadero es esa persona que ofrece paz y felicidad. Si eres tu propio amigo verdadero, eres capaz de ofrecerte la verdadera paz y la felicidad que buscas.

Una vez me pidieron que escribiera una carta dando ánimos a un prisionero llamado Daniel que estaba en el corredor de la muerte en la cárcel de Jackson, Georgia. Tenía diecinueve años cuando cometió un crimen, y llevaba trece, toda su edad adulta, tras las rejas. Me pidieron que le enviara algunas palabras de alivio ya que el momento de la ejecución se acercaba, así que le envié una breve nota. Esto es lo que escribí: «Muchas de las personas que te rodean están llenas de ira, odio y desesperación, y eso les impide entrar en contacto con la fresca brisa, el cielo azul o el perfume de una rosa. Viven en una especie de cárcel. Pero si practicas la compasión podrás ver el sufrimiento de los que te rodean, y si haces algo cada día para ayudarlos a sufrir menos, serás libre. Un día lleno de compasión vale más que cien carentes de ella». No es tan importante el número de días que nos quedan para vivir. Lo que importa es cómo los vivimos.

Inquietud

Todos conocemos la sensación de inquietud. Es lo opuesto a la sensación de calma y relajación interior, es una especie de excitación mental. No podemos estar quietos. Lo hacemos todo de prisa, corriendo de aquí para allá. Estemos donde estemos, siempre pensamos que deberíamos estar en otro lugar. Seguimos inquietos incluso mientras dormimos, no encontramos una postura cómoda. Hay algo que ansiamos, que anhelamos, pero no sabemos qué es. Abrimos el frigorífico, comprobamos el teléfono, tomamos una revista, escuchamos las noticias: hacemos cualquier cosa que pueda hacernos olvidar la sensación íntima de soledad y sufrimiento.

Quizá nos refugiemos en el trabajo, no porque necesitemos el dinero o porque nos guste hacerlo, sino porque el trabajo nos distrae de esa dolorosa sensación que hay en lo más hondo. El trabajo nos proporciona una sensación de logro y, antes de que nos demos cuenta de ello, nos hacemos adictos al trabajo. O quizás empleemos películas, series de televisión, Internet o juegos de ordenador, o pasemos horas y horas escuchando música. Creemos que todo eso nos hace sentirnos mejor, pero en cuanto lo dejamos nos sentimos igual de mal, si no peor que antes. Recurrir al teléfono o al ordenador y sumergirnos en un mundo diferente se convierte en un hábito. Lo hacemos para sobrevivir, pero queremos hacer algo más que limitarnos a sobrevivir: queremos vivir.

Es útil observar con honestidad nuestras energías de hábito. Cuando enciendes la televisión, ¿estás seguro de que vale la pena ver ese programa? Cuando vas a por comida, ¿es porque tienes hambre? ¿De qué huyes? ¿De qué tienes hambre en realidad?

La energía de la plena conciencia, nuestro cuerpo de práctica espiritual, nos ayuda a identificar cuál es la sensación que aparece y que nos hace escapar. Sólidamente enraizados en la respiración consciente, vemos que no necesitamos escapar. No necesitamos suprimir las sensaciones dolorosas. Vemos con claridad lo que ocurre en nuestro interior y tenemos una oportunidad de parar, abrazar esas sensaciones y empezar a cuidarnos de verdad.

Todos necesitamos reconectar con nosotros mismos, con los seres amados y con la Tierra.

Reconectamos con la tierra y con nuestro cuerpo cósmico, que está siempre presente en nosotros, sustentándonos. Todos necesitamos sanar profundamente nuestras raíces. Cada vez que regresamos al cuerpo gracias a la respiración consciente ponemos fin a nuestros sentimientos de aislamiento y alienación, y nos damos una oportunidad de sanar completamente.

Es posible aprender a sentarse en paz, respirar en paz y caminar en paz. Estar en paz es un arte que cultivamos con nuestra práctica consciente de cada día.

Práctica: el arte de la relajación

En medio de un día difícil, tan pronto como regresas a casa, es posible crear un momento de paz, libertad y felicidad con solo tomarte unos minutos para regresar al cuerpo y relajarte. Es algo que puedes hacer ahora mismo. Solo necesitas diez o quince minutos.

Encuentra un lugar tranquilo donde nadie te moleste. Dispón el espacio de forma que el cuerpo pueda adoptar una postura cómoda, bien sentado o bien tumbado. Entonces, pon la atención en todo el cuerpo. Quizá quieras leer uno a uno cada párrafo de las instrucciones que se dan a continuación, y practicas a medida que lees. O puedes practicar con un amigo y leer las instrucciones en voz alta para ambos.

En primer lugar, lleva toda la atención a la respiración. Eres consciente de la inspiración; cuando entra en el cuerpo, el abdomen sube. Eres consciente de la espiración; cuando sale del cuerpo, el abdomen baja. Disfruta de seguir la inspiración y la espiración durante toda su duración mientras entra en el cuerpo, mientras sale del cuerpo. Puedes decir en silencio: «Sube, baja». Así ayudas a la mente a seguir concentrada únicamente en la respiración en el abdomen. Al seguir la respiración, te liberas de toda preocupación, sueltas toda inquietud. El cuerpo ya empieza a descansar.

Necesitamos entrenarnos en regresar
al cuerpo y a la respiración. Cada vez que
unimos cuerpo y mente, nos
reconciliamos con nosotros mismos.

Cuando inspiras, eres consciente de todo el cuerpo, sentado o tumbado. Cuando espiras, sonríes a todo el cuerpo. Debe ser una sonrisa real. Quizás has notado resistencia o tensión en los hombros, el pecho, los brazos, las manos. Mueve suavemente el cuerpo para estirarte y soltar la tensión. Atento aún a la respiración, mueve la cabeza de un lado a otro para relajar el cuello; estira suavemente la espalda. Puedes soltar cualquier tensión del pecho, del abdomen, de los brazos, de las manos. Permite que cada parte del cuerpo se relaje a fondo.

Inspirando, te sientes en calma. Espirando, te sientes a gusto. Sonríes y relajas todos los músculos del rostro. Suelta poco a poco toda la tensión de las docenas de músculos del rostro.

Empieza a notar todas las zonas del cuerpo que están en contacto con el suelo o la silla: pies, talones, parte posterior de las piernas, glúteos, espalda, brazos, piernas, hombros, cabeza. Espirando, suelta toda la tensión. Deja que la tierra reciba todo el peso del cuerpo. Escucha al cuerpo; abrázalo con bondad amorosa, compasión y cariño. Envía amor y energía sanadora a todos los órganos. Dales las gracias por estar ahí, por trabajar en armonía. Envía amor y gratitud a todo tu cuerpo. Sonríe a cada célula. Reconecta con tu cuerpo. Reconcíliate con él: «Querido cuerpo, siento haberte desatendido. Te he forzado demasiado. Te he descuidado. He dejado que se acumulara el estrés, la tensión y el dolor. Ahora te ruego que te permitas descansar, relajarte».

Sonríete a ti mismo. Sonríe a tu cuerpo. Eres consciente del cielo azul, de las blancas nubes, de las estrellas que están sobre ti y en torno a ti. La Tierra te sostiene ahora en su dulce abrazo. Estás en un reposo total. No tienes nada que hacer, ningún lugar al que ir. Todo lo que necesitas está justo aquí en este instante, y sonríes.

La relajación aporta felicidad al cuerpo y a la mente. Después de unos diez o quince minutos de práctica, te sentirás descansado, refrescado y dispuesto para seguir con tus actividades cotidianas.

La plena conciencia es fuente de felicidad

¿Eres feliz? ¿Vives una vida plena? Si no puedes experimentar la felicidad ahora mismo, ¿cuándo podrás ser feliz? La felicidad no es algo que puedas posponer al futuro. Tienes que retarte a ser feliz justo aquí, justo ahora. Si quieres disfrutar de la paz, la alegría y la felicidad, solo te es posible encontrarlas en el momento presente.

Con plena conciencia podemos aprender el arte de transformar cualquier momento en un momento feliz, un momento de leyenda. Es el arte de llegar al momento presente para reconocer todas las condiciones de felicidad que ya tenemos. Y, al mismo tiempo, es el arte de transformar nuestro sufrimiento. Ambos van a la par. Reconocer nuestras condiciones para ser felices y cultivar momentos de felicidad nos ayuda a manejar y abrazar el sufrimiento. Regar nuestras semillas de alegría y bienestar ayuda a transformar el sufrimiento.

Depende de ti que este momento sea o no sea un momento feliz. Tú haces que el momento sea feliz, no es el momento el que te hace feliz. Con plena conciencia, concentración y visión profunda, cualquier momento puede ser un momento feliz.

La calidad de tu vida depende de que tomes conciencia de todas las condiciones para la felicidad que tienes ahora mismo a tu disposición. Estás vivo. Tienes piernas para caminar; tienes dos ojos maravillosos, te basta con abrirlos para disfrutar del paraíso de formas y colores que te rodea. Las ostras del fondo del mar nunca han visto el luminoso y azul cielo a la luz del día ni la majestuosidad de las estrellas en la noche. Nunca han visto las olas del océano ni han escuchado el sonido del viento o el canto de los pájaros. Y, sin embargo, todas esas maravillas están a nuestra disposición. ¿Estás tú disponible para ellas? La plena conciencia nos ayuda a llegar al aquí y al ahora y reconocer las maravillas de la vida que están presentes justo aquí, dentro de nosotros y a nuestro derredor.

La felicidad no llega como un envío por correspondencia. La felicidad no cae del cielo. La felicidad es algo que generamos con plena conciencia.

Quizá quieras tomar un papel y sentarte en un lugar tranquilo, como un parque, bajo un árbol o en tu rincón favorito, para anotar todas las condiciones para ser feliz con las que ya cuentas. Pronto descubrirás que una página no basta; ni siquiera bastan dos, tres o cuatro. Puede que empieces a darte cuenta de que eres mucho más afortunado que mucha gente. Ya tienes más que suficientes condiciones para ser feliz; así, de forma natural, brotarán la gratitud y la alegría.

Vivir feliz aquí y ahora

En tiempos de Buda, había un rico y generoso comerciante llamado Anathapindika. Todos lo amaban y por eso le dieron ese nombre, Anathapindika, que significa «aquel que ayuda a los desposeídos».

Un día, Anathapindika llevó a varios cientos de comerciantes a que escucharan las enseñanzas de Buda. Buda les dijo que es posible vivir felices justo aquí y ahora. Quizá percibió que gran parte de las personas que se dedican a los negocios tienen tendencia a pensar demasiado sobre el éxito futuro. En aquella enseñanza, Buda empleó la expresión «vivir feliz en el momento presente» cinco veces. Insistió en que no debemos esperar a tener más condiciones en el futuro para ser felices. No tenemos que perseguir el éxito para poder ser felices. La vida está disponible tan solo en el momento presente, y ya contamos con más que suficientes condiciones para ser felices. Podemos entrenarnos en mantener una atención constante en todo lo que ocurre en el momento presente.

El arte de morar felices en el momento presente es la práctica más necesitada en nuestro tiempo.

Ser el número uno

Somos muchos los que deseamos tener éxito. Queremos ser buenos en nuestro campo. Queremos ser el número uno. Tendemos a creer que solo seremos felices si somos el número uno. Pero si quieres serlo, tendrás que dedicar todo tu tiempo y energía a esa tarea. Y acabarás por sacrificar tiempo valioso para estar con tu familia y tus amigos, acabarás por sacrificar tiempo valioso para estar contigo mismo. A menudo, sacrificas incluso la salud. En la lucha para llegar a ser el mejor, acabas sacrificando tu felicidad. ¿Qué sentido tiene ser el número uno si no eres feliz?

Tienes que elegir. ¿Quieres ser el número uno o quieres ser feliz? Puedes ser víctima de tu propio éxito, pero nunca serás víctima de tu propia felicidad.

Cuando sigues el camino de la felicidad, es más probable que seas feliz en tu trabajo. Si eres más feliz, si hay en ti más paz, tu trabajo tenderá a ser mejor. Pero la felicidad tiene que ser tu prioridad. Una vez que te aceptas como eres, te permites ser feliz. No necesitas llegar a ser nada ni nadie, al igual que una rosa no necesita convertirse en loto para ser feliz. Ya es bella siendo una rosa. Tú eres maravilloso tal como eres.

Cada momento es un diamante

Una mañana de invierno, estaba en mi cabaña en Plum Village preparándome para dar una charla. Tenía diez minutos antes de que empezara la charla en la sala de meditación. Que diez minutos sean mucho o poco depende de cómo los vivamos. Me puse mi largo hábito y entré en el baño para refrescarme el rostro. Abrí muy poco el grifo y solo salieron unas pocas gotas, una a una. Aquella agua helada goteando era como si gotas de nieve derretida cayeran poco a poco sobre mis manos. Su frío y su frescor me despertaron. Me llevé las manos al rostro y disfruté de aquel frío, de aquella frescura. Eran como copos de nieve de las distantes cimas del Himalaya que hubieran recorrido miles de kilómetros para llegar hasta mi cabaña en medio del bosque. Y ahora caían sobre mis mejillas, mi frente, mis ojos. Vi las cumbres cubiertas de nieve con toda claridad. Al reconocer la presencia en el agua de los copos de nieve, sonreí.

No estaba pensando en la charla que tenía que dar en cinco minutos; no estaba pensando en el futuro; sencillamente, moraba feliz en el momento presente, experimentando cómo aquellas gotitas de nieve derretida caían suavemente sobre mi rostro.

No había nadie conmigo en la cabaña, pero sonreí. No era una sonrisa de cortesía: nadie podía verla. Me puse el abrigo y salí de la cabaña para dirigirme a la sala de meditación, y quedé maravillado de las brillantes gotas de rocío en la hierba. Con cada paso, era consciente de que las gotas de rocío no eran distintas de las gotas de nieve que me acababa de poner sobre la cara.

Allá donde vayamos, podemos encontrar copos de nieve del Himalaya. Hagamos lo que hagamos, que estemos limpiándonos la cara, caminando sobre el rocío en la niebla matutina o contemplando en lo alto las nubes y el cielo, podemos ver que la nieve de la montaña está siempre en nosotros y alrededor de nosotros.

Sabemos que un setenta por ciento del cuerpo es agua. En realidad, es un setenta por ciento nieve.

Todos necesitamos una dimensión espiritual en la vida. Gracias a la plena conciencia, podemos ver la poesía y la belleza que nos rodean. Podemos ver los milagros de la vida. Establecemos un contacto profundo con nuestro cuerpo cósmico. Cada segundo, cada minuto, cada hora se convierte en un diamante.

El tiempo es vida

Cuando te levantas por la mañana, puedes elegir la forma en la que empezar el día. Te recomiendo empezar el día sonriendo. ¿Por qué sonreír? Porque estás vivo y tienes ante ti veinticuatro nuevas horas. Este nuevo día es un regalo que la vida te ofrece. Celébralo y haz el voto de vivirlo con hondura, haz el voto de no malgastarlo.

Cada día está lleno de actos igualmente maravillosos: caminamos, respiramos, desayunamos y vamos al baño. El arte de vivir es saber cómo generar felicidad en cualquier instante. Nadie puede generar felicidad por nosotros; hemos de generarla nosotros mismos. Con plena conciencia y gratitud podemos ser felices ahora mismo.

Cuando te cepillas los dientes, puedes elegir hacerlo de forma consciente. Te concentras solo en cepillar los dientes. Quizá dispongas de dos o tres minutos para hacerlo; y es posible transformar esos minutos en minutos de felicidad y libertad. El tiempo que pasas cepillándote los dientes no es un tiempo perdido, es también vida. No te limites a hacerlo por hacerlo. Disfruta de estar atento y concéntrate en el acto de cepillar los dientes. Ese es el arte de vivir. No necesitas pensar en nada, no necesitas darte prisa. Tan solo relájate y disfruta de cepillarte los dientes. Cuando lo haces, te descubres a ti mismo y descubres la vida profundamente en el momento presente.

Cuando me cepillo los dientes disfruto del hecho de que, incluso a mi edad, tengo aún dientes que cuidar. Ser consciente de este hecho basta para hacerme feliz. Todos podemos cepillarnos los dientes de forma que nos haga felices. Y cuando vamos al servicio es también posible disfrutar de ese momento. Formamos parte del río de la vida y devolvemos a la tierra lo que nos ha dado. La plena conciencia puede transformar incluso las acciones más mundanas en actos sagrados.

Cualquier instante puede convertirse en un instante valioso si experimentamos la vida a fondo: limpiar los platos, lavarnos las manos o caminar hasta la parada del autobús.

Cuando comes, puedes disfrutar de cada momento. La plena conciencia, la concentración y la visión profunda te harán saber que este momento que pasas comiendo es excepcional. Es maravilloso disponer de comida.

Cada trozo de pan, cada grano de arroz
es un regalo de todo el universo.

Solemos comer sin darnos cuenta de lo que comemos porque nuestra mente no está presente. Estamos distraídos, que es exactamente lo opuesto de la plena conciencia. A menudo, no estamos ingiriendo la comida: estamos ingiriendo nuestras preocupaciones, nuestros proyectos. Aparta los pensamientos mientras comes e intenta, simplemente, estar presente para saborear y disfrutar de la comida y de las personas que te rodean. Desconecta la radio y la televisión; aleja el teléfono, el periódico, cualquier cosa que pueda distraerte. Al comer de esa manera, no solo te alimenta la comida: también te alimentan la paz, la felicidad y la libertad que experimentas mientras comes.

Un camino de descubrimiento

Cuando en la vida te enfrentas a un gran reto, a una gran dificultad, puede que sea difícil experimentar estas sencillas alegrías. Puede que te preguntes: «¿Qué sentido tiene todo esto?» Quizás esta sea una pregunta que te hagas cuando te sientas mal, o cuando un ser querido esté enfermo o a punto de morir, o cuando te abrume la desesperación y te parezca que la vida ya no tiene sentido alguno.

Siempre hay algo que podemos hacer para nutrir la felicidad y cuidarnos. Incluso si en un momento dado somos incapaces de experimentar un profundo bienestar, quizá podamos aumentar nuestro nivel de felicidad en un cinco o diez por ciento. Eso ya es mucho. Meditar no es tan solo descubrir el sentido de la vida, es también curarnos y nutrirnos. Cuando lo hacemos, tenemos una oportunidad de ir abandonando nuestras ideas sobre cuál es o no es el sentido de la vida.

Al nutrirnos y sanarnos, nuestra comprensión del significado de la vida se hace cada día más profunda.

Existe una formación mental positiva llamada «calma», un estado de relajación, paz y tranquilidad, similar al estado del agua tranquila en un lago de montaña. No podemos ser felices, no podemos nutrirnos y sanarnos, a menos que estemos en calma. La paz de sentirse en calma es lo más preciado que existe, más preciado que nada.

Todos tenemos la facultad de estar en calma, relajados. Pero si no la hemos cultivado, puede que nuestra energía de calma no sea muy fuerte. ¿Puedes identificar esos momentos en los que te sientes realmente en calma? ¿Puedes crear en tu vida más momentos como esos?

Se puede respirar de forma que cada inspiración y espiración sean agradables, pacíficas. Cuando nos sentimos alegres, felices y en paz al respirar, somos capaces de dejar de correr y de llegar al momento presente. La sanación ocurre de forma natural. Pero si al respirar estamos intentando conseguir algo, aunque sea buena salud o autocontrol, no hemos dejado de correr todavía. Podemos permitirnos tener paz, *estar* en paz.

Práctica: el arte de sentarse

Hay un arte para ayudar a que tu cuerpo se siente tranquilo de forma que experimentes calma, relajación. Se requiere cierto entrenamiento, pero es posible. Posees *realmente* la facultad de experimentar tranquilidad; posees *realmente* la facultad de alcanzar la paz. Cada uno de nosotros cuenta con un cuerpo de buda; solo tenemos que darle una oportunidad a ese buda interior.

Cuando nos sentamos, muchos nos sentimos tan inquietos que parece que estuviéramos sentados sobre brasas ardientes. Pero con algo de práctica seremos capaces de domar hábilmente ese inquieto cuerpo, esa agitada mente, y así sentarnos en paz. Tan pronto como se dan la calma y el relax, se dan también la sanación y el bienestar. Y dondequiera que nos sentemos será como si estuviésemos sentados sobre un fresco prado en la hermosa brisa de primavera.

¿Por qué practico la meditación sentada? Porque me gusta. No tiene sentido hacerlo si no lo disfrutas. No es una tarea ardua. Cada aliento puede traernos paz, felicidad y libertad. Sentarse y no hacer nada es todo un arte, el arte del no-hacer. No hay nada que debas *hacer*. No debes luchar contigo mismo para sentarte. No tienes que esforzarte por estar en paz. Llevar la atención al hecho de respirar es como cuando el sol brilla sobre una flor. El sol no intenta imponerse a la flor ni intenta alterarla en modo alguno. El calor y la energía del sol penetran de forma natural en la flor. Puedes limitarte a estar sentado y disfrutar de inspirar y espirar.

Quizá desees ajustar algo la postura de forma que la espalda esté derecha, las piernas cómodas y los hombros abiertos y relajados, de forma que abran espacio para los pulmones. Sentarse de esta forma permite que la respiración fluya de forma natural, que el cuerpo se relaje completamente, y con la relajación llega la sanación. Es imposible llegar a una sanación profunda si no hay relajación. Necesitas aprender a estar totalmente en calma, relajado, aprender a no hacer nada.

Sentarse en meditación es un acto de civilización. En estos tiempos, estamos tan ocupados que no tenemos tiempo ni de respirar. Tomarse un tiempo para sentarse en

calma y cultivar la paz, la alegría y la
compasión: eso es civilización. Y es de un
valor inestimable.

Tan solo te sientas, sin hacer nada. Estás feliz de darte cuenta de que estás sentado sobre un planeta bellísimo que gira en una galaxia de estrellas. Estás sentado en el regazo de la Tierra y sobre tu cabeza hay millones y millones de estrellas. Si puedes sentarte y darte cuenta de eso, ¿qué otro objetivo tiene el sentarte? Estás en contacto con el universo, y tu felicidad es inmensa.

6

Soltar

Transformación y sanación

*Cuando conocemos el arte de sufrir,
sufrimos mucho menos. Podemos emplear
el lodo de nuestro sufrimiento para cultivar
los lotos del amor y de la comprensión.*

Se necesita valor para vivir de forma plena y honda. Si no podemos ser felices justo aquí y ahora, debemos preguntarnos cuál es la razón. Si nos resulta difícil experimentar la paz y las maravillas del universo en la vida diaria, debe ser porque hay algo que nos lo impide. Debemos descubrir de qué se trata. ¿Qué es eso que nos abruma y nos aparta del momento presente?

El arte de vivir felices es también el arte de transformar nuestras aflicciones. Si queremos ser felices, debemos identificar qué nos impide serlo. El camino al bienestar es el camino que se aleja del malestar. A veces sufrimos pero no nos atrevemos a admitirlo ni a nosotros mismos ni a los demás. Sin embargo, solo podremos encontrar una salida, el camino al bienestar, si nos enfrentamos a nuestro sufrimiento.

La persona que medita es una artista
y una guerrera.

Debemos hacer uso de nuestra creatividad y de nuestro valor para atajar eso que nos impide ser felices y libres. Es como si estuviéramos enredados; quizá nos enredemos nosotros mismos, o quizá dejemos que otros nos enreden. Incluso puede que vivamos en una forma que esté diciendo: «Por favor, ¡quiero que me enreden!» Necesitamos la visión profunda que nace de la meditación y el valor de un guerrero para atajar los obstáculos que hay en nuestro camino y cortar los lazos que nos atrapan. En palabras del primer maestro zen de Vietnam y China, Tang Hoi: «Soltar es una gesta de héroes».

Desenredarte

Quizás estemos enredados en nuestros proyectos, en el trabajo, en una apresurada forma de vida. Quizás estemos atrapados por nuestra ansia e inquietud; quizá nos bloqueen el dolor, la ira, el miedo. Quizás hayamos pasado toda la vida enredados en los lazos de la ira y el miedo, abrumados por un rencor del que no podemos deshacernos. Puede que la relación que tenemos con una persona cercana esté invadida y asfixiada por las malas hierbas de la incomprensión. O quizás estemos atrapados en la búsqueda de estatus, dinero o placeres sensuales. Todo esto nos impide tocar la felicidad, la paz y la libertad que están a nuestra disposición justo aquí en el momento presente.

Para salir de esta maraña necesitamos valor y determinación. Se requiere valor para cambiar nuestra forma de ganarnos la vida de forma que se adecue a nuestras aspiraciones y valores más profundos. Se requiere determinación para no ser arrastrados por proyectos que nos hacen sentirnos estresados y agotados, que nos llevan a descuidarnos y a descuidar a los seres amados. Se requiere valor para sentarse con nuestra pareja, nuestro amigo o miembro de la familia y abrir una vía de comunicación.

Cada uno debe identificar sus propios lazos para poder liberarse. Debemos procurarnos un tiempo para sentarnos y preguntarnos honestamente en qué estamos enredados. No basta con querer soltar los lazos: debemos comprender *por qué* nos han enredado antes de poder librarnos de ellos.

¿Cuánto tiempo de vida te queda? ¿Qué puede ser tan importante como para permitirle obstruirte el paso hacia una vida honda y feliz? Cuando puedas ordenar tus prioridades, podrás soltar la inquietud, la frustración, la ansiedad y el resentimiento que has estado soportando.

Muy pocas personas son realmente libres. Todos estamos demasiado ocupados. Aunque tengamos una fortuna, aunque seamos influyentes y famosos, no podremos ser verdaderamente felices sin libertad interior. Lo que más deseamos en el mundo es libertad.

Cada uno de nosotros tiene su propia noción de felicidad. Podemos pensar que la felicidad depende de tener cierto trabajo, cierta casa o cierto automóvil o de vivir con cierta persona. O quizá pensemos que debemos suprimir esto o aquello de nuestra vida para poder ser felices. Algunos estamos convencidos de que solo seremos felices si cierto partido político llega al poder. Pero esas son meras nociones que nos hemos creado. Si soltamos nuestras ideas, podemos permitirnos experimentar la felicidad ahora mismo. Nuestra *idea* de felicidad puede ser precisamente el obstáculo que se interpone en nuestro camino a la felicidad.

Soltar

Ya tienes una hoja de papel en la que has escrito la lista de las condiciones para ser feliz de las que dispones. Ahora necesitas tomar otra hoja, buscar un lugar tranquilo para sentarte y hacer la lista de todo lo que te lo impide, todo lo que necesitas soltar: incluso tus ideas sobre la felicidad. El simple hecho de nombrar eso que quieres dejar atrás te hará sentir más ligero. Cuantas más cosas puedas soltar, más ligereza y libertad sentirás.

Soltar es una fuente de alegría y felicidad, pero requiere valor. Imagina que vives en una ciudad ajetreada, contaminada y quieres irte lejos durante el fin de semana. Puede que digas que quieres irte, pero nunca lo haces porque, en el fondo, no puedes abandonar la ciudad, estás enredado en la ciudad. Así que nunca puedes contemplar las ondulantes colinas, los bosques, la playa y los montes, o la luna y las estrellas. Pero si, finalmente, un amigo te ayuda a irte, empiezas a sentirte libre en cuanto has dejado la ciudad atrás. Sientes la fresca brisa en el rostro, contemplas el vasto horizonte y ahí mismo te sientes mejor. Esa es la alegría de soltar, la alegría de dejar atrás las trabas.

Transformar el sufrimiento

A veces lo que obstaculiza nuestra felicidad es algo que no podemos cortar o abandonar con facilidad. Nuestro corazón puede estar invadido por un profundo dolor o desesperación y necesitamos el arrojo de un guerrero y la habilidad de un artista para transformarlo. Podemos tomar refugio en nuestro cuerpo de buda, en nuestro cuerpo de práctica espiritual y en nuestro cuerpo de comunidad para que nos ayuden a hacerlo.

En 1954, Vietnam, mi patria, estaba partida en dos, Vietnam del Norte y Vietnam del Sur. La guerra se propagaba por todas partes y se prolongaba, no se atisbaba un final. Ese año murió mi madre. Fue muy doloroso para mí, una época muy difícil, y caí en una profunda depresión. Los médicos no podían hacer nada. Solo pude sanar gracias a la práctica de la respiración y el caminar conscientes.

He aprendido por experiencia propia que la práctica de la respiración y el caminar conscientes pueden ayudar a superar la depresión, la desesperación, la ira y el miedo. Cada paso, cada aliento puede aportar sanación. Si estás deprimido, intenta practicar de todo corazón la conciencia plena de respirar y caminar. Aunque lo hagas solo durante una semana, podrás transformar tu sufrimiento y experimentar cierto alivio. No te rindas, sigue regresando a tu respiración, a tus pasos. Sigue confiando en el arrojo y la perseverancia que hay en ti. Tus semillas de despertar y compasión te ayudarán a salir adelante.

Cuando nos enfrentamos a una crisis personal o padecemos una depresión puede que creamos que el problema es la vida en sí misma. Puede que creamos que, si pudiésemos librarnos de este cuerpo, dejaríamos de sufrir. Queremos deshacernos de estas ataduras mortales para llegar a un lugar donde ya no haya más sufrimiento. Pero ya hemos visto que eso es imposible. La vida y la muerte no son lo que parecen. «Ser o no ser, esa (*no*) es la cuestión.» En el ámbito de la verdad convencional puede haber nacimiento y muerte, pero en el ámbito de la verdad máxima, ser o no ser no es ya la cuestión. Las enseñanzas sobre el vacío, la ausencia de objetivo, la ausencia de signo y nuestros ocho cuerpos nos muestran que somos mucho más que este cuerpo. No existe una entidad propia independiente que pueda abandonar este cuerpo y partir hacia un lugar de dicha perfecta, un lugar libre de sufrimiento.

La paz, la libertad y la felicidad pueden ser
halladas justo aquí, en esta vida, con solo
aprender el arte de manejar nuestro
sufrimiento.

Gracias a que tenemos un cuerpo, gracias a que estamos vivos, tenemos una oportunidad de sanar y de transformar nuestro sufrimiento, y de tocar la felicidad verdadera y las maravillas de la vida. Todo cuanto hagamos para sanarnos y transformarnos nos proporciona tanto a nosotros mismos como a nuestros antepasados un cuerpo de continuación más bello.

¿Quién está sufriendo?

Cuando la desesperación es abrumadora, necesitamos poder soltar la idea de que ese sufrimiento es nuestro, de que este cuerpo es nuestro yo, de que este cuerpo nos pertenece. Nos será de ayuda la visión profunda del inter-ser y del no-yo. No contar con un ser separado no significa que no suframos. Cuando confluyen ciertas condiciones de sufrimiento, surge el sufrimiento. Lo sentimos, lo experimentamos. Y cuando no se dan esas condiciones, el sufrimiento cesa. La buena noticia es que el sufrimiento es impermanente. No se requiere una entidad propia separada que sufra.

De hecho, cuando nuestro sufrimiento es muy grande, podemos estar seguros de que no es solo nuestro. Puede habernos sido transmitido por padres, abuelos o bisabuelos. Quizás ellos nunca tuvieron una oportunidad para aprender a transformar su dolor y sufrimiento, y así ese sufrimiento ha sido transmitido a lo largo de varias generaciones. Puede que seas la primera persona de tu familia que se ha encontrado con enseñanzas y prácticas que ayudan a reconocer y cuidar ese sufrimiento.

Cuando somos capaces de transformar nuestro sufrimiento, lo hacemos en nuestro bien y en bien de nuestros antepasados y descendientes.

Saber que lo haces con ellos y por ellos puede darte el valor y la fuerza que necesitas para superar incluso los momentos más difíciles. Y sabemos que estamos cultivando un buen cuerpo de continuación para el futuro.

Nuestro cuerpo no es una propiedad individual: es propiedad colectiva. Es el cuerpo de nuestros antepasados; en este cuerpo están nuestra madre y padre, nuestra nación, nuestro pueblo, nuestra cultura y todo el universo. Si nos abruma la desesperación, puede que creamos que destruir este cuerpo sea de alguna ayuda. Pero la visión del interser nos muestra que destruir este cuerpo sería matar a nuestro padre, a nuestra madre y a todos los ancestros en nosotros. Es posible permitir que este sufrimiento, que no nos pertenece solo a nosotros, pase a través del cuerpo. Es impermanente. Poco a poco, con perseverancia y sin miedo, puede ser transformado.

Sobrevivir a la tormenta

Se puede emplear la respiración para abrazar una emoción fuerte y experimentar alivio. Somos muy vastos, nuestras emociones son solo una parte de nosotros; somos mucho más que nuestras emociones. Una emoción fuerte es como una tormenta que se acerca, se queda un tiempo y se va. Todos deberíamos aprender a sobrevivir a una tormenta. Es esencial la práctica de la respiración abdominal. Cada vez que surja una fuerte emoción como la ira, el miedo, la tristeza o la desesperación, deberíamos regresar al instante a la respiración para poder ocuparnos de la tormenta que arrecia en nosotros. Somos como un árbol en mitad de la tormenta. Las ramas más altas pueden padecer la furia del viento, pero el tronco y las raíces permanecen estables, firmes. Con la respiración abdominal llevamos la mente hacia abajo, al tronco, al abdomen, donde hay calma y estabilidad. No deberíamos permanecer en las ramas más altas, vapuleados por la ventisca.

Sentado, en pie o tumbado, pon tu atención en el abdomen y concéntrate totalmente en tu inspiración y espiración, en el movimiento ascendente y descendente del abdomen. Deja de pensar sobre aquello que ha desencadenado la tormenta, tan solo sigue la respiración concentrándote en el abdomen. Después de cinco, diez o quince minutos, la tormenta de emociones habrá pasado. Tu mente habrá recuperado la claridad y la calma.

La respiración abdominal es una práctica que puedes realizar en cualquier momento, en cualquier lugar. Siempre que tengas que esperar sentado durante unos minutos, en lugar de tomar el teléfono, ¿por qué no te retas a seguir al cien por cien tu respiración? Esa es una forma de entrenar tu cuerpo de práctica espiritual; pronto, cada vez que estés en una situación difícil, llevar tu atención a la respiración se habrá convertido en un hábito. También puedes entrenarte en regresar a la respiración abdominal cuando te enfrentes a esos pequeños retos y problemas del día a día. Finalmente, cada vez que aparezca una oleada de emociones, tu cuerpo de práctica estará a tu lado cuando más lo necesites.

Reconocer y abrazar el sufrimiento

No deberíamos temer el sufrimiento. Deberíamos temer solo una cosa: no saber cómo manejar nuestro sufrimiento. Lidiar con el sufrimiento es un arte. Si sabemos cómo sufrir, sufriremos mucho menos, y ya no temeremos ser abrumados por el sufrimiento interior. La energía de la plena conciencia nos ayuda a reconocer, aceptar y abrazar la presencia del sufrimiento, y eso basta para aportar cierta calma y alivio.

Cuando surge una sensación difícil, solemos intentar dominarla. No nos sentimos cómodos cuando el sufrimiento sale a la luz, queremos reprimirlo, ocultarlo. Pero en tanto que practicantes de la plena conciencia, dejamos que el sufrimiento salga a la superficie para así poder identificarlo claramente y abrazarlo. Esto traerá transformación y alivio. Lo primero que debemos hacer es aceptar el barro que hay en nosotros. Cuando reconocemos y aceptamos nuestras emociones y sensaciones difíciles, empezamos a sentir más paz. Cuando nos damos cuenta de que ese barro puede ayudarnos a crecer, dejamos de tener miedo de él.

Cuando sufrimos, invitamos a que surja desde lo más hondo de la conciencia otro tipo de energía: la energía de la plena conciencia. La plena conciencia tiene la capacidad de abrazar nuestro sufrimiento: «Hola, querido dolor mío». Esta es la práctica de reconocer el sufrimiento: «Hola, dolor mío. Sé que estás ahí y voy a cuidar de ti. No necesitas tener miedo».

Ahora en nuestra conciencia mental coexisten dos energías: la energía de la plena conciencia y la energía del sufrimiento. La tarea de la plena conciencia consiste, primero, en reconocer y, después, abrazar el sufrimiento con ternura y compasión. Para ello, empleas la respiración consciente. Mientras inspiras, dices en silencio: «Hola, dolor mío». Mientras espiras, dices: «Estoy aquí para ti». Nuestra respiración contiene la energía de ese dolor, así que cuando respiramos con ternura y compasión estamos también abrazando nuestro dolor con ternura y compasión.

Cuando aparece el sufrimiento, debemos estar presentes para él. No deberíamos huir ni ocultarlo bajo el consumo, las distracciones o el entretenimiento. Deberíamos reconocerlo y abrazarlo, como hace una madre amorosa cuando toma en sus brazos al bebé que llora. La madre es la plena conciencia, el bebé que está llorando es el sufrimiento. La madre tiene la energía de la dulzura y el amor. Cuando la madre abraza al bebé, este se siente confortado y al instante sufre menos, incluso aunque su madre no sepa aún qué le ocurre. El mero hecho de que la madre abrace al bebé es suficiente para que este sufra menos. No necesitamos saber cuál es el origen del sufrimiento. Nos basta con abrazarlo para aportar algo de alivio. Y cuando nuestro sufrimiento comienza a calmarse, tenemos la confianza de que podremos superarlo.

Cuando regresamos a nosotros mismos gracias a la energía de la plena conciencia, ya no tememos ser abrumados por la energía del sufrimiento. La plena conciencia nos da fuerzas para mirar con hondura y genera comprensión y compasión.

Abrazar nuestro dolor y nuestro sufrimiento es un arte. Se requiere cierto entrenamiento para aprender a hacerlo. Un meditador es un artista, y su arte es el de abrazar su sufrimiento. Puedes desarrollar tu creatividad sobre las formas de manejar una sensación dolorosa. Puedes dibujar, pintar, escuchar música inspiradora o escribir un poema. Escribí algunos de mis poemas que contienen las imágenes más bellas en tiempos de gran sufrimiento. Escribir esos poemas era un medio de nutrirme y consolarme, para no perder mi equilibrio y tener la fuerza que necesitaba para seguir con mi labor.

Cuando experimento una sensación difícil, a menudo opto por traer a mi mente un recuerdo bello, positivo, que me consuele y riegue en mi conciencia semillas de esperanza. Puede ser el recuerdo de mis cedros preferidos en Plum Village, o la imagen de un niño riendo y disfrutando de jugar. Es una forma de cuidar del jardín de mi mente. La energía positiva de las buenas semillas alegra la mente, abraza y penetra en la sensación dolorosa. ¿Cuáles son esos recuerdos o experiencias positivas que puedes evocar para que te ayuden a abrazar y equilibrar la energía de dolor y desesperación cada vez que surge?

También puedes sacar tu sufrimiento a pasear, permitirle ser abrazado por la tierra, el cielo azul, el sol y los pequeños milagros de vida que nos rodean a cada instante. Sufrir no basta, necesitas también recordar que ahí *están* las maravillas de la vida. Cuando estás presente en tu cuerpo, en tu respiración y en tu sufrimiento, dejas que la madre Tierra y tu cuerpo cósmico abracen tu dolor. Permites que las maravillas de la vida te consuelen, te refresquen y te aporten algo de alivio.

Una presencia sanadora

Cuando sepas manejar y abrazar tu propio sufrimiento con compasión, sabrás también cómo ayudar a otra persona que esté padeciendo dolor físico o emocional. Si hay en ti la energía de la calma y la compasión, podrás ser una fuente de esa energía para otra persona. Cuando te sientes junto a los demás, podrán sentir la energía de tu presencia. Podrán sentir tu compasión y atención. No necesitas decir o hacer nada.

La calidad de tu presencia basta para cambiar la situación.

Eres exactamente igual que un árbol. Puede que pienses que el árbol no hace nada, pero cuando lo tocas o te sientas bajo él puedes sentir su energía inundando tu cuerpo. El árbol posee esa energía. Se limita a estar ahí, a ser él mismo, y eso es muy refrescante, nutritivo y sanador.

En ocasiones el sufrimiento ajeno puede hacerte sentir impotente. Puede parecer que no hay nada que puedas hacer para ayudar. Pero, de hecho, si eres capaz de generar y mantener una energía de calma, si puedes abrazar tu propia sensación de impotencia siguiendo tu respiración y relajando el cuerpo, estarás cuidando de la energía de tu árbol. Ofrecer una presencia de gran calidad a alguien que sufre puede ayudar y nutrir a esa persona.

Muchos deseamos hacer algo para que el mundo sufra menos. Somos testigos de mucha violencia, pobreza y destrucción del medio ambiente, pero si nosotros mismos no estamos en paz, si no tenemos suficiente compasión, no podremos hacer gran cosa para ayudar. Nosotros somos el centro. Primero debemos hacer las paces con nosotros mismos y reducir nuestro propio sufrimiento, porque somos una representación del mundo. La paz, la compasión y el bienestar empiezan con nosotros mismos. Cuando podemos reconciliarnos con nosotros mismos, abrazar y transformar nuestro sufrimiento, estamos también cuidando del mundo. No creas que el mundo y tú seáis dos cosas separadas. Todo lo que hagas por ti, lo haces también por el mundo.

Práctica: el arte del sufrimiento

Si quieres comprender tu sufrimiento, primero debes calmarte. Necesitas abrazar tu sufrimiento con compasión; entonces tendrás una oportunidad de investigarlo a fondo, para comprender sus raíces y transformarlo.

No huyas

Sabemos que hay sufrimiento en nosotros, pero no queremos regresar a nuestro ser para escucharlo. Tememos que el dolor, la pena y la desesperación que hay en nosotros nos abrumen, así que intentamos huir de nosotros mismos y reprimirlos. Pero mientras huyamos no tendremos una oportunidad de curarnos y transformarnos. Así que el primer paso del arte del sufrimiento es emplear la energía de la plena conciencia a fin de estar presente para tu sufrimiento. Tu cuerpo de práctica espiritual —tu respiración consciente y la energía de plena conciencia, concentración y visión profunda— te da valor y estabilidad para reconocer, manejar y abrazar lo que venga.

Evita la segunda flecha

Una persona herida por una flecha sufre un gran dolor, pero si una segunda flecha la hiriera en el mismo lugar, el dolor sería diez veces mayor. Tu sufrimiento es la primera flecha; la segunda flecha es tu irritación, ira, resistencia y reacción a todo lo que sucede. La segunda flecha puede ser tu miedo, que te hace ver la situación peor de lo que es; puede ser tu incapacidad para aceptar que estás sufriendo; o podría ser tu frustración, tus remordimientos. Debes permanecer en calma y reconocer el sufrimiento con claridad, tal como es, sin exagerar ni aumentarlo con otras preocupaciones.

Identifica sus raíces

Cuando abrazas el sufrimiento con plena conciencia, descubres que tu sufrimiento contiene el de tu padre, tu madre y tus antepasados, así como el sufrimiento de tu pueblo, tu nación y el mundo. Muchas personas hemos experimentado momentos de intensa tristeza, miedo o desesperación que no llegamos a comprender. No sabemos de dónde vienen. Cuando miras con suficiente hondura, puedes llegar a ver sus profundas raíces en el sufrimiento ancestral que te ha sido legado. Este hecho ayuda a transformar el sufrimiento, a reducir el dolor y la desesperación que sientes.

Nada puede sobrevivir sin alimento. Esto es cierto para el sufrimiento como lo es para el amor. Si tu sufrimiento, pena o depresión duran ya largo tiempo, debe haber algo que los alimenta. Cada día consumimos pensamientos, consumimos televisión, películas, música, conversaciones, e incluso la conciencia colectiva o nuestro entorno, que pueden ser tóxicos. Así que pon mucha atención, observa atentamente para ver si esos elementos están alimentando las raíces de tu sufrimiento. Cuando empezamos a cambiar hábitos de pensamiento, habla, comportamiento y consumo, cortamos y arrancamos esas fuentes de alimento, y nuestro sufrimiento irá muriendo. Y cuando muera, se convertirá en compost que regará nuevas flores de comprensión y compasión en el jardín de nuestro corazón.

La bondad del sufrimiento

Es muy tentador el deseo de permanecer fuerte y sano, de no padecer nunca dolor o enfermedad alguna. Muchas personas esperamos nunca tener que enfrentarnos a retos o dificultades serias en la vida. Pero, según mi propia experiencia, si no hubiera conocido grandes dificultades y sufrimiento nunca habría tenido una oportunidad de crecer en mi camino espiritual; nunca habría tenido la oportunidad de sanar, de transformar y de tocar esta profunda paz, alegría y libertad. Si no experimentamos ningún sufrimiento, ¿cómo podremos generar alguna vez comprensión y compasión? La compasión nace de la comprensión del sufrimiento, y sin comprensión ni compasión no podemos ser felices.

Cuido mucho de mis estudiantes, pero nunca querría enviarlos a un paraíso o algún sitio en el que no hubiera sufrimiento. No podemos crear felicidad en un lugar donde no haya sufrimiento, al igual que no podemos cultivar lotos sin lodo. La felicidad y la paz nacen de transformar el sufrimiento y el dolor. Si no hubiera lodo, ¿cómo podrían crecer los lotos? Los lotos no crecen en mármol.

7

El nirvana es ahora

El nirvana es un agradable estado de enfriamiento y frescor que todos podemos experimentar en esta vida misma.

Mediante la plena conciencia, la concentración y la visión profunda podemos transformar el sufrimiento, podemos experimentar el nirvana aquí y ahora. El nirvana no es algún lugar distante en un futuro lejano.

«Nirvana» es un término que tiene su origen en un antiguo dialecto rural de la India. En tiempos de Buda, en el campo las familias cocinaban sobre pequeñas hogueras hechas con paja, excrementos, madera e incluso cáscaras de arroz, como hacen en muchos lugares del mundo aún hoy en día. Cada mañana, lo primero que haría la madre sería encender el fuego para preparar el desayuno de los miembros de la familia que iban a trabajar al campo. Pondría la mano sobre las cenizas de la hoguera de la noche anterior para comprobar si aún estaban calientes. Si era así, solo necesitaba añadir algo de paja o ramitas para avivar el fuego. Pero si el calor se había extinguido totalmente, las cenizas estarían totalmente frías. Cuando un fuego se ha extinguido, al meter las manos en las cenizas sentirás una frescura muy agradable.

Buda empleó la palabra «nirvana» para describir la agradable experiencia de enfriar las llamas de nuestras aflicciones. Muchos de nosotros ardemos en el fuego del deseo, el miedo, la ansiedad, la desesperación y el remordimiento. La ira o la envidia, o incluso nuestras nociones sobre la muerte y la pérdida, pueden quemarnos por dentro. Pero cuando transformamos el sufrimiento y eliminamos nuestras nociones erróneas, de forma natural alcanzamos una refrescante paz. Eso es el nirvana.

Existe una conexión íntima entre nuestro sufrimiento y el nirvana. Si no sufriéramos, ¿cómo podríamos reconocer la paz del nirvana? Sin sufrimiento no puede darse el despertar del sufrimiento, al igual que sin brasas ardientes no podremos lograr cenizas frías. Sufrimiento y despertar van unidos.

Al aprender a manejar el sufrimiento,
aprendemos a generar momentos de nirvana.

El nirvana no tiene que ser algo extraordinario, algo que nos haga dedicar toda la vida a practicar con la esperanza de

experimentarlo alguna vez. Cada uno de nosotros puede tocar pequeños momentos de nirvana todos los días. Imagina
que, caminando descalzo, pisas sin querer una zarza y se te
clavan espinas en el pie. Perderás toda paz y felicidad al instante. Pero en cuanto comiences a sacarte una tras otra las
espinas empezarás a notar cierto alivio: alcanzas cierto nirvana. Cuantas más espinas te saques, mayores serán el alivio
y la paz. Del mismo modo, eliminar las aflicciones hace que
el nirvana esté presente. En cuanto reconoces, abrazas y
transformas tu ira, miedo y desesperación, empiezas a experimentar el nirvana.

Tocar el nirvana

Buda enseñó que podemos disfrutar del nirvana con este
mismo cuerpo. *Necesitamos* nuestro cuerpo: necesitamos
nuestras sensaciones, percepciones, formaciones mentales y
conciencia para tocar el nirvana. Podemos tocarlo con los
pies, los ojos, las manos. Gracias a que estamos vivos y tenemos un cuerpo humano, podemos experimentar cómo se
enfrían las llamas y generar momentos de nirvana.

Cuando enfriamos las llamas de la ira y, tras comprender sus raíces, la ira se transforma en compasión, estamos
experimentando el nirvana. Cuando experimentamos la paz
y la libertad de la meditación caminando, estamos en contacto con el cuerpo cósmico: estamos tocando el nirvana.
Cuando dejamos de correr, soltamos las preocupaciones so-

bre el futuro y los remordimientos sobre el pasado y regresamos al momento presente para disfrutar de las maravillas de la vida, estamos tocando el nirvana.

Tocando profundamente la dimensión histórica en el momento presente podremos tocar la dimensión última. Ambas no existen de forma separada. Al tocar el cuerpo cósmico, el mundo de los fenómenos, entramos en contacto con la dimensión última, el ámbito de la realidad en sí misma.

Cuando vemos el mundo de los fenómenos desde el punto de vista de la dimensión última, vemos que, si no existiera la muerte, no podría haber nacimiento; si no hubiera sufrimiento, no podría haber felicidad. Sin lodo, no podría haber lotos. Dependen uno del otro para manifestarse. Nacimiento y muerte son meras nociones del ámbito de la dimensión histórica. No son la verdadera naturaleza de la realidad en la dimensión última. Esta trasciende toda idea y noción, todo signo y apariencia. En la dimensión última de la realidad en sí misma no existe nacimiento y muerte, sufrimiento y felicidad, venir o partir, bueno y malo. Podemos abandonar toda idea y noción, incluso las ideas de un «yo», de un «ser humano», de un «ser vivo» o de «duración de vida». Tocamos la verdadera naturaleza de la realidad en sí: tocamos el nirvana.

El nirvana es la dimensión última, la extinción y el abandono de toda noción e idea. La concentración sobre el vacío, la ausencia de signo, la ausencia de objetivo, la impermanencia, la ausencia de ansia y el soltar nos ayudan a descubrir la verdadera naturaleza de la realidad. Al contemplar hondamente nuestro cuerpo físico y el ámbito de los fenómenos, entramos en contacto con el nirvana —la verdadera naturaleza del cosmos, nuestro cuerpo divino— y experimentamos paz, felicidad y la libertad del no-miedo. Ya no tememos el nacimiento y la muerte, el ser y el no-ser.

Así como los pájaros disfrutan de planear en el cielo y los ciervos de vagar por el bosque, así la persona sabia disfruta de morar en el nirvana. No necesitamos buscar lejos para encontrar el nirvana, porque es nuestra verdadera naturaleza en este preciso momento. No puedes eliminar de ti la dimensión última.

Tocar el nirvana es realizar la visión profunda del no-nacer y del no-morir en la vida diaria.

El nirvana no es la muerte eterna

Muchos creen erróneamente que el nirvana describe un estado maravilloso o un lugar al que accedemos después de morir. Puede que hayamos oído decir que, cuando Buda murió, entró en el nirvana. Parece que el nirvana fuera un lugar al que ir tras la muerte. Pero eso es engañoso y puede dar lugar a peligrosos malentendidos. Sugiere que no podemos alcanzar el nirvana en vida, que debemos morir para llegar a él. Pero eso no es en absoluto lo que Buda dijo.

Una vez que me encontraba enseñando en Malasia, en Kuala Lumpur vimos grandes carteles que anunciaban una empresa de servicios fúnebres budistas llamada Nirvana. Pensé que era muy injusto con Buda identificar el nirvana con la muerte. Buda nunca lo hizo; el nirvana se asocia con la vida en el aquí y el ahora. Una de las confusiones más graves de los eruditos budistas occidentales ha sido definir el nirvana como una especie de «muerte eterna» que pone fin al ciclo de reencarnaciones. Esta es una grave malinterpretación del significado más profundo del nirvana. ¿Por qué millones de personas se harían adeptas de una religión que enseña la muerte eterna? La noción de muerte eterna en sí está todavía atrapada en las nociones de ser y no-ser, nacimiento y muerte, pero la verdadera naturaleza de la realidad trasciende todas estas nociones. Solo podemos tocar el nirvana mientras estamos vivos. Espero que alguien en Kuala Lumpur haya podido persuadir a esa empresa de servicios fúnebres para que cambie de nombre.

La realidad única del interser

Gracias a la visión profunda del interser, hemos visto que nada en el mundo, ni siquiera nuestro cuerpo, existe por sí mismo, de forma aislada. Todas las cosas dependen unas de otras de forma natural. Si nada estuviera nunca manchado, ¿cómo podría estar inmaculado? Sin sufrimiento, no podría jamás haber felicidad; sin el mal, no podría existir jamás el bien. Si no hubiera sufrimiento, ¿cómo podríamos contemplarlo profundamente para hacer brotar la comprensión y el amor? Sin sufrimiento, ¿cómo podría darse la visión profunda? Si no existiera el error, ¿cómo podríamos saber qué es lo correcto?

Decimos: «Dios es bondad; Dios es amor», pero si Dios es bondad y Dios es amor, ¿quiere eso decir que Dios está ausente de los lugares privados de bondad y amor? Es esa una cuestión trascendental. Según las enseñanzas budistas, podemos decir que la naturaleza última de la realidad, la naturaleza verdadera de Dios, transciende toda noción, incluso las nociones de bien y de mal. Decir otra cosa sería menospreciar a Dios.

Enfrentados a desastres naturales de devastadoras consecuencias en los que mueren miles de personas, muchos se preguntan cómo Dios, que es bondad, puede permitir tanto sufrimiento.

Cuando nos llegan noticias sobre guerras, atentados terroristas, desastres naturales, terremotos, tsunamis o huracanes, podemos sentirnos desesperados. No es fácil ver algún sentido en todo ello. No podemos comprender el motivo por el que unas personas tienen que soportar tanto sufrimiento y muerte, y otras no. La visión profunda del vacío puede ayudarnos. Cuando en un desastre muere un bebé, una anciana, un adolescente o un joven, sentimos como si parte de nosotros muriera también. Morimos con ellos porque no tenemos un ser separado, todos pertenecemos a la misma especie humana. Mientras nosotros aún estemos vivos, ellos vivirán en nosotros. Cuando podemos tocar esta visión del no-yo, nos sentimos movidos a vivir de forma que todos ellos puedan continuar en nosotros con belleza.

El nirvana, la naturaleza última de la realidad, es indeterminado; es neutro. Esa es la causa por la que todo en el cosmos es un milagro. El loto es un milagro, como lo es también el lodo. El magnolio es un milagro, y también lo es la venenosa adelfa. Es nuestra mente la que crea las nociones de bien y mal, no la naturaleza. Cuando soltamos todas estas ideas, cuando las abandonamos, vemos la verdadera naturaleza de la realidad. No podemos decir de un terremoto, de una tormenta o de un volcán que sean expresión del «bien» o del «mal». Todo desempeña un papel.

Quizá debamos reexaminar nuestra forma de ver a Dios. Si Dios está solo en el lado de la bondad, no puede ser la realidad máxima. No podemos siquiera decir que Dios sea el fundamento del ser, porque si Dios es el fundamento del ser, ¿cuál es el fundamento del no-ser? No podemos hablar de Dios como existente o no existente, siendo o no siendo. Incluso la paz y la felicidad que nacen del contacto con la dimensión última provienen de nosotros mismos, no de una realidad última. La dimensión última, el nirvana, no es *en sí* paz o alegría, ya que nociones o categorías como «paz» o «bondad» no son aplicables a la dimensión última. La dimensión última trasciende toda categoría.

No esperes al nirvana

Cuando Buda alcanzó la iluminación bajo el árbol Bodhi, era un ser humano, y después de su iluminación, siguió siendo un ser humano con todos los sufrimientos y las aflicciones que supone tener un cuerpo humano. Buda no estaba hecho de piedra. Experimentó sensaciones y emociones, dolor, frío, hambre y cansancio al igual que todos nosotros. No deberíamos creer que porque experimentamos el sufrimiento y las aflicciones propias de un ser humano no podamos tocar la paz, no podamos tocar el nirvana. Incluso tras la iluminación, Buda siguió padeciendo sufrimiento; sus enseñanzas y las historias sobre su vida nos muestran que sufría. Pero lo importante es que sabía cómo sufrir. Su despertar fue producto del sufrimiento: sabía hacer un buen uso de las aflicciones para experimentar el despertar. Y gracias a esto, sufría mucho menos que la mayoría de nosotros.

Una respiración o un paso realizados de forma consciente pueden aportar verdadera felicidad y libertad. Pero en cuanto dejamos de practicar, se manifiesta el sufrimiento. Constantemente confluyen breves instantes de paz, felicidad y libertad para generar un gran despertar, una gran libertad. Y a pesar de todo, muchas personas aún pensamos que, en cuanto experimentamos el despertar, ya está, ¡estamos iluminados! Creemos que después no tendremos más problemas, que podremos decir adiós para siempre al sufrimiento. Pero eso no es posible. Despertar y sufrimiento van siempre unidos. Sin el uno, el otro no puede existir. Si huimos de nuestro sufrimiento, nunca podremos conocer el despertar. Así que sufrir está bien, solo necesitamos aprender a lidiar con ello. Se puede encontrar el despertar justo en el corazón del sufrimiento. Gracias a que hemos transformado el calor del fuego, podemos tocar el frío del nirvana. Las prácticas expuestas en este libro pueden ayudarte a tocar la paz y la libertad en cada paso del camino.

Conclusión
Tiempo para vivir

Las siete concentraciones sobre el vacío, la ausencia de signo, la ausencia de objetivo, la impermanencia, la ausencia de ansia, el soltar y el nirvana son muy prácticas. Cuando las aplicamos en la vida diaria experimentamos una creciente liberación del miedo, la ansiedad, la ira y la desesperación. La visión profunda del interser y de la interdependencia nos ayuda a disfrutar del momento presente de forma más plena, a reconocer la vastedad de nuestro ser y apreciar todos nuestros diferentes cuerpos. Somos capaces de vivir siendo fieles a nosotros mismos, de reconciliarnos con los seres queridos y de transformar las dificultades y el sufrimiento que padecemos.

Con la visión profunda nacida de estas concentraciones, nuestra vida comienza a adquirir una calidad más honda. En todo lo que hacemos hay más alegría, paz y compasión. Nos damos cuenta de que no tenemos que esperar a llegar al paraíso o al nirvana para ser felices; podemos tocar el paraíso y el nirvana aquí, en la Tierra. Cuando tocamos profundamente la realidad en el momento presente, tocamos la eternidad. Trascendemos nacimiento y muerte, ser y no-ser, venir y partir. Dominamos el arte de vivir, y sabemos que no estamos desperdiciando nuestra vida. No queremos limitarnos a vivir. Queremos vivir bien.

El resultado inmediato de tu práctica de la plena conciencia es la alegría, la solidez y la felicidad en cada momento. Imagina que caminas plenamente consciente desde el aparcamiento hasta tu lugar de trabajo. Cada paso es paz, cada paso es libertad, cada paso es sanación; llegar a tu trabajo es solo la consecuencia. Al aprender a caminar de esta forma, en libertad, desarrollas el hábito de morar feliz en el momento presente. La libertad y la felicidad del caminar penetran en cada célula de tu cuerpo. Si puedes hacer esto todos los días, caminar en plena conciencia se convertirá en tu forma de vida, un arte de vivir que puedes transmitir a tus descendientes.

La ciencia nos dice que vivir es aprender. Durante millones de años, nuestra especie ha estado aprendiendo: hemos aprendido a adaptarnos al entorno, hemos tenido que aprender para poder sobrevivir. La selección natural hace que aquellos que no se adapten no puedan sobrevivir. Si queremos sobrevivir a esta sociedad vertiginosa, abrumada por el estrés, la ansiedad, el miedo y la desesperación, debemos aprender a tratar con ella. Y aquello que aprendamos se convertirá en parte del legado genético y espiritual que transmitiremos a las generaciones futuras. Ese legado está en nuestras células y en la conciencia colectiva.

Los humanos evolucionaron desde el *Homo habilis* al *Homo erectus* antes de convertirse en *Homo sapiens*, y cada nueva etapa de nuestra evolución fue producto del aprendizaje. Algunos hablan de una nueva especie, el *Homo conscius*, el humano con capacidad de ser consciente. Buda pertenecía a esta especie. Sus discípulos y los discípulos de sus discípulos pertenecen también a esa especie. Ellos han aprendido a actuar con toda conciencia; son personas que caminan, comen y trabajan conscientemente. Han aprendido que la plena conciencia va acompañada de concentración y visión profunda, la visión que les permite vivir de forma más profunda y evitar el peligro. Y al vivir, aprenden.

Si una especie no puede adaptarse, no sobrevivirá. Hay dos vías de adaptación a la situación actual. La primera consiste en descubrir formas de protegernos en situaciones de peligro, estrés o desesperación, de forma que, en vez de convertirnos en víctimas de nuestro entorno, podamos sobrevivir. La práctica diaria es una forma de protegerte. Tu forma de pensar, de respirar y de caminar son maneras de protegerte. Gracias a la energía de la plena conciencia, la concentración y la visión profunda puedes sobrevivir en un medio estresante, tóxico; gracias a tu comprensión y compasión, no contribuyes a empeorarlo. Como miembro de la especie *Homo conscius*, el fruto de tu aprendizaje quedará impreso en cada célula de tu cuerpo y será transmitido a las generaciones futuras. Esas generaciones, a su vez, se beneficiarán de tu experiencia y, por lo tanto, no solo serán capaces de sobrevivir a situaciones difíciles: también serán capaces de llevar vidas felices y plenas.

Como monje, no tengo hijos ni nietos genéticos, pero sí tengo hijos espirituales. Me he dado cuenta de que puedo transmitir mi realización y sabiduría, y la capacidad de adaptarse, a mis estudiantes, mis hijas, hijos, nietas y nietos espirituales. De la misma manera en la que yo me parezco a mis padres, se parecen a mí, en algún grado, mis estudiantes y discípulos. Esta no es una transmisión genética, sino una transmisión espiritual. Hay miles de personas en el mundo que caminan, se sientan, sonríen y respiran como yo. Esta es la prueba de una transmisión auténtica que mis estudiantes han incorporado en sus vidas, que han impreso en cada célula de su cuerpo. Más tarde, mis estudiantes transmitirán a su vez esta adaptación a sus descendientes.

Todos podemos contribuir en ayudar al *Homo conscius*, la especie que personifica la plena conciencia, la compasión y el despertar, a desarrollarse y continuar en el mundo por mucho tiempo. El mundo tiene una gran necesidad de despertar, comprensión, compasión, plena conciencia y concentración. Hay mucho sufrimiento causado por el estrés, la depresión, la violencia, la discriminación y la desesperación: necesitamos una práctica espiritual. Esa práctica espiritual nos permitirá ser capaces de adaptarnos y de sobrevivir. Si vivimos con solidez y libertad, podremos transmitir la plena conciencia, la concentración, la visión profunda, la alegría y la compasión a otros. Ese es nuestro legado, nuestro cuerpo de continuación; esperamos que las generaciones futuras hereden nuestra ofrenda de vida.

Pero imagina que te adaptas de otra forma. Al ver tan ocupados a los que te rodean, intentas estar aún más ocupado para estar a la altura. Ves que algunas personas emplean ciertas tácticas para ascender, así que adoptas esas mismas tácticas para llegar a ser el número uno en tu trabajo y en tu entorno social. Puede que tengas éxito por un tiempo, pero al final esa adaptación es autodestructiva, tanto para ti como individuo como para la especie entera.

En la sociedad actual estamos tan ocupados que no tenemos tiempo siquiera de cuidar de nosotros mismos. No nos sentimos cómodos en nuestra piel. Nos resulta difícil cuidar del cuerpo, de las sensaciones y de las emociones. Tenemos miedo de que el sufrimiento nos pueda, y huimos de nosotros mismos. Esta es una de las características que definen nuestra civilización.

Pero si huimos de nosotros mismos, ¿cómo podemos cuidar todo nuestro dolor? Si no podemos cuidarnos a nosotros mismos, ¿cómo podremos cuidar a las personas que amamos? ¿Cómo podremos cuidar de la madre Tierra? La madre Tierra tiene la capacidad de nutrirnos y sanarnos, pero nos alejamos de ella e incluso la dañamos, la destruimos. La tecnología nos permite ser cada vez más hábiles en huir de nosotros mismos, de la familia y de la naturaleza.

En cada uno de nosotros debe darse una revolución, una revolución tranquila, un despertar: necesitamos rebelarnos. Debemos proclamar: «No quiero seguir así. Esto no es vida, no tengo tiempo suficiente para vivir, no tengo tiempo suficiente para amar».

Una vez que iniciemos esa revolución en nuestra conciencia, producirá cambios radicales en nuestra familia y comunidad. Pero antes debemos estar totalmente determinados a cambiar nuestra forma de vida. Necesitamos reclamar nuestra libertad de disfrutar de las maravillas de la vida. Cuando somos felices, disponemos de la energía y la fuerza que necesitamos para ayudar a otros a hacer lo mismo.

Cuando nos detenemos para respirar, no estamos perdiendo el tiempo. En la civilización capitalista occidental se afirma que el tiempo es dinero, que debemos invertir nuestro tiempo en ganar dinero. No podemos permitirnos un instante para detenernos y respirar o disfrutar de caminar y admirar una puesta de sol. No podemos permitirnos perder tiempo. Pero el tiempo vale mucho más que el dinero. El tiempo es vida. Regresar a la respiración y hacernos conscientes de que disponemos de un cuerpo maravilloso: eso es la vida.

¿Tienes tiempo para disfrutar del glorioso amanecer? ¿Tienes tiempo para disfrutar del sonido de la lluvia al caer, del canto de los pájaros en los árboles, del suave murmullo de la marea ascendente? Necesitamos despertar de un largo sueño. Se puede vivir de otra manera. ¿Te das cuenta de que ya deseas vivir de otra forma?

El tiempo no es dinero. El tiempo es vida,
y el tiempo es amor.

Un despertar colectivo puede hacer que todo cambie muy rápido. Por eso, todo lo que hagamos debe tener como fin hacer realidad ese despertar colectivo. Los seres humanos pueden ser odiosos, mezquinos y violentos, pero también tenemos la capacidad, gracias a una práctica espiritual, de convertirnos en seres compasivos y de proteger no solo a nuestra propia especie, sino a todas las demás: tenemos la capacidad de devenir seres despiertos que pueden proteger nuestro planeta y preservar su belleza. Nuestra esperanza es despertar. Y se puede despertar.

Necesitamos hacernos despertar para que podamos cambiar nuestra forma de vida, para disfrutar de más libertad, más felicidad, más vitalidad, más compasión, más amor. Debemos organizar nuestra vida de forma que tengamos tiempo suficiente para cuidar nuestro cuerpo, nuestras sensaciones, nuestras emociones, a nuestros seres amados y el planeta. Cuidar de nosotros mismos y de los demás es el rasgo adaptativo que deseamos dejar como legado a las generaciones futuras. Debemos eliminar la presión social que padecemos. Debemos resistir. Nuestra forma de caminar desde el aparcamiento hasta nuestra oficina es ya una forma de reaccionar: «Me niego a correr. Resisto. No perderé ni un solo instante, ni un solo paso. Con cada paso, reivindico mi libertad, mi paz y mi alegría. Esta es mi vida, y quiero vivirla profundamente».

Epílogo
Un camino de felicidad

Los cinco entrenamientos de la plena conciencia representan la visión budista de una espiritualidad y ética globales. No son sectarios, son de naturaleza universal. Todas las tradiciones espirituales tienen un equivalente de estos entrenamientos, que no son mandamientos, sino prácticas compasivas fruto de la plena conciencia y la visión profunda.

Son una forma de vida que encarna la visión del interser: la profunda visión de que todo está conectado con todo lo demás, que la felicidad y el sufrimiento no son una cuestión individual. Abrazar los cinco entrenamientos es una vía concreta de aplicar las visiones profundas derivadas de contemplar el vacío, la ausencia de signo, la ausencia de objetivo, la impermanencia, la ausencia de ansia, el soltar y el nirvana en la vida diaria. Expresan el arte de vivir en plena conciencia, una forma de vida que puede llevarnos a la transformación y a la sanación personal, a la transformación y a la sanación de nuestra familia, de nuestra sociedad y de toda la Tierra. Nos ayudan a cultivar la mejor adaptación que deseamos transmitir a las generaciones futuras. Los entrenamientos son un camino de felicidad. Saber que ya estamos en ese camino nos permite experimentar paz, felicidad y libertad en cada paso del camino.

Los cinco entrenamientos de la plena conciencia

1. *Reverencia hacia la vida*

Consciente del sufrimiento causado por la destrucción de la vida, me comprometo a cultivar mi comprensión del interser y mi compasión, a fin de aprender cómo proteger la vida de personas, animales, plantas y minerales. Me comprometo a no matar, a no dejar que otros maten y a no apoyar ningún acto de violencia en el mundo, en mi pensamiento o en mi forma de vivir. Comprendo que toda acción dañina proviene del fanatismo, el odio, la avidez y el miedo que tienen su origen en una visión dualística y discriminatoria. Por eso, cultivaré la amplitud de miras, la no-discriminación y el no-apego a ningún punto de vista para así transformar la violencia, el fanatismo y el dogmatismo en mí y en el mundo.

2. *Verdadera felicidad*

Consciente del sufrimiento causado por el robo, la opresión, la explotación y la injusticia social, me comprometo a practicar la generosidad en mis pensamientos, en mis palabras y en mis actos. Me comprometo a no robar y a no apropiarme de nada que pertenezca a otros. Compartiré mi tiempo, mi energía y mis recursos materiales con aquellos que los necesiten. Me entrenaré en mirar profundamente para ver que la felicidad y el sufrimiento de los demás no están separados de mi propia felicidad y sufrimiento. Comprendo que la verdadera felicidad no es posible sin comprensión y amor, y que perseguir riquezas, fama, poder o placeres sensuales puede generar gran sufrimiento y desesperanza. Soy consciente de que mi felicidad depende de mi actitud mental, no de condiciones externas. Sé que puedo vivir feliz en el momento presente con solo recordar que ya dispongo de condiciones más que suficientes para ser feliz. Me comprometo a elegir un medio de vida correcto para ayudar a reducir el sufrimiento de todos los seres vivos sobre la Tierra y revertir el proceso de calentamiento global.

3. *Amor verdadero*

Consciente del sufrimiento provocado por una conducta sexual irresponsable, me comprometo a cultivar la responsabilidad y a aprender maneras de proteger la seguridad y la integridad de las personas, las parejas, las familias y la sociedad.

Sé que el deseo sexual no es amor, y que una actividad sexual basada en la avidez siempre me daña a mí y a los demás. Me comprometo a no mantener relaciones sexuales sin amor verdadero y sin un compromiso profundo, a largo plazo y conocido por mis parientes y amigos. Haré todo lo que esté en mi mano para proteger a los niños del abuso sexual y para evitar que las parejas y las familias se rompan a causa de una conducta sexual irresponsable. Consciente de que el cuerpo y la mente son uno, me comprometo a aprender formas apropiadas de cuidar mi energía sexual. Me comprometo a cultivar la bondad amorosa, la compasión, la alegría y la inclusión, los cuatro fundamentos del amor verdadero, para mi felicidad y la felicidad de los demás. Sabemos que practicando el verdadero amor tendremos una hermosa continuación en el futuro.

4. *Habla amorosa y escucha profunda*

Consciente del sufrimiento causado por palabras irreflexivas y por la incapacidad de escuchar a los demás, me comprometo a cultivar un habla amorosa y una escucha compasiva que alivie el sufrimiento y promueva la paz y la reconciliación en mí, en los demás y entre todo grupo étnico, religioso o nación. Sé que las palabras pueden crear felicidad o sufrimiento, y me comprometo a aprender a hablar con honestidad, a emplear palabras que inspiren confianza, alegría y esperanza. Cuando se manifieste la ira en mí, me comprometo a no decir nada. Practicaré la respiración y el caminar plenamente conscientes para reconocer y observar profundamente mi ira. Sé que sus raíces están en mis percepciones erróneas y en mi falta de comprensión de mi propio sufrimiento y el de la otra persona. Hablaré y escucharé para poder ayudarme a mí mismo y a la otra persona a transformar el sufrimiento y a encontrar soluciones en las situaciones difíciles. Me comprometo a no difundir noticias de las que no tenga certeza y a no decir nada que pueda causar división o discordia. Practicaré la diligencia correcta para nutrir mi comprensión, mi amor, mi alegría y mi tolerancia, y transformar día a día las semillas de ira, violencia y miedo que residen en lo más hondo de mi conciencia.

5. *Transformación y sanación*

Conocedor del sufrimiento provocado por un consumo poco consciente, me comprometo a cultivar la buena salud tanto física como mental, en mi propio bien, el de mi familia y el de mi sociedad, a través de la práctica de la plena conciencia cuando como, bebo y consumo. Me entrenaré en observar profundamente mi consumo de los Cuatro Tipos de Alimentos: los alimentos comestibles, las impresiones sensoriales, la volición y la conciencia. Me comprometo a abstenerme de participar en juegos de azar, de consumir alcohol, drogas o cualquier producto que contenga toxinas, como ciertas páginas web, juegos electrónicos, programas de televisión, películas, revistas, libros y conversaciones. Practicaré el volver al momento presente para estar en contacto con los elementos refrescantes, nutritivos y saludables que se encuentran en mí y en torno a mí. No dejaré que los remordimientos y las penas del pasado o las preocupaciones y los miedos por el futuro me alejen del momento presente. Me comprometo a no perderme en el consumo para ocultar el sufrimiento, la soledad y la ansiedad. Contemplaré el interser y consumiré de forma que preserve la paz, la alegría y el bienestar en mi cuerpo y en mi conciencia, así como en el cuerpo y la conciencia colectivas de mi familia, de la sociedad y de la Tierra.

Sobre el autor

El maestro zen Thich Nhat Hanh es un líder espiritual global, un poeta y un activista por la paz reverenciado en todo el mundo por su poderosa enseñanza y sus muy conocidos escritos sobre la plena conciencia y la paz. La esencia de su enseñanza es que, a través de la plena conciencia, podemos aprender a vivir felices en el momento presente, lo que constituye la única vía de desarrollar una paz verdadera, tanto en uno mismo como en el mundo. Thich Nhat Hanh ha sido uno de los pioneros en la introducción del budismo en Occidente. Ha fundado en Estados Unidos y Europa seis monasterios y docenas de centros de práctica, así como más de mil comunidades locales de práctica de la plena conciencia, llamadas *sanghas*. Ha construido una floreciente comunidad de más de seiscientos monjas y monjes de todo el mundo. La comunidad monástica y las decenas de miles de sus estudiantes laicos aplican las enseñanzas sobre la plena conciencia, la construcción de la paz y la creación de comunidades en escuelas, lugares de trabajo, negocios e incluso prisiones de todo el mundo. Thich Nhat Hanh es un monje amable y humilde, el hombre al que Martin Luther King llamó «un apóstol de la paz y la no-violencia».

Te agradecemos la compra de este libro. La publicación de libros, sin embargo, solo provee de parte de los fondos necesarios para que Thich Nhat Hanh y sus 600 monjas y monjes difundan en todo el mundo sus enseñanzas sobre la paz, la plena conciencia y la compasión.

Si este libro te ha sido de ayuda, te rogamos que pienses en unirte hoy mismo al fondo para la continuación de Thich Nhat Hanh.

Te unirás a muchos otros que desean como tú difundir este mensaje de compasión y paz que puede ayudar a transformar la vida de muchas personas. Tu aportación mensual ayudará a que otros descubran las prácticas de la plena conciencia, el habla amorosa y la escucha profunda que pueden ayudar a reducir el sufrimiento en todas partes.

Si quieres unirte hoy mismo, hacer una única aportación u obtener más información, puedes consultar: www.ThichNhatHanhFoundation.org/giving.

Quizá quieras reflexionar sobre la manera en que las enseñanzas de Thich Nhat Hanh te han influido personalmente. Tu donación puede ayudar a llevar esta sabiduría y compasión a otras personas y aliviar su sufrimiento.

Thich Nhat Hanh Continuation and Legacy Foundation
2499 Melru Lane, Escondido, CA USA 92026
www.ThichNhatHanhFoundation.org
info@ThichNhatHanhFoundation.org

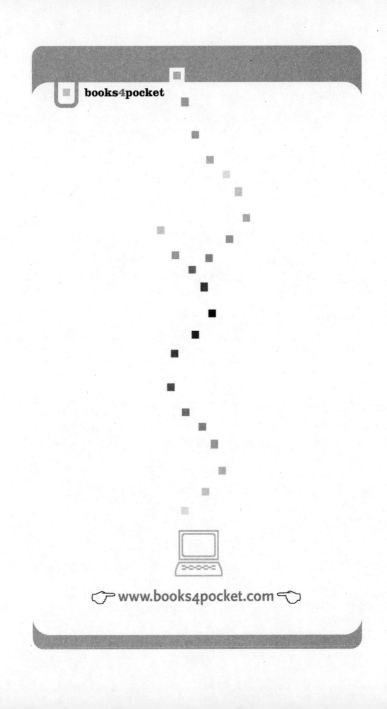

books4pocket

www.books4pocket.com